미리 보고 개념 잡는 초등

독서감상문 쓰기

이재승, 최승한 지음

Mirae N 아이세움

차례

독서감상문이란?

책을 읽고 난 뒤에 책 내용과 자신의 생각이나 느낌을 표현한 글을 '독서감상문'이라고 합니다. 우리는 책을 읽으면서 이런저런 생각을 떠올리게 됩니다. 재미있던 점, 인상 깊은 점, 놀라운 점, 슬픈 점 등 책 한 권을 읽으면 여러 가지 생각이 머릿속에 남아 있지요. 또 책을 읽다 보면 책의 내용 가운데 유독 생각나는 구절이 있습니다. 이러한 문장을 요약하고 머릿속에 남아 있는 느낌을 정리해서 쓰면 그것이 곧 독서감상문이 됩니다.

독서감상문은 줄글로만 표현하지 않습니다. 인상 깊은 장면을 자신의 생각이나 느낌을 살려 그리거나 마인드맵으로 확장하여 나타낼 수 있고, 인터뷰, 편지, 일기, 동시 등 여러 형식으로 나타낼 수도 있습니다.

독서감상문, 왜 써야 할까요?

아이가 책을 읽고 난 뒤 독서감상문을 쓰거나 독후 활동을 하지 않고 그냥 덮어 버린다면 어떻게 될까요? 책의 내용은 며칠만 지나도 아이의 머릿속에서 사라져 버릴 것입니다. 아이들은 독서감상문 쓰기를 힘들어하지만 독서감상문을 쓰면 많은 것을 얻을 수 있습니다.

첫째, 독서감상문을 쓰면 책을 꼼꼼하게 읽게 됩니다.

대부분의 아이들은 책을 대충대충 읽습니다. 정독하는 방법도 잘 모르고, 그럴 필요성도 못 느끼기 때문입니다. 그런데 독서감상문을 써야 한다고 하면 책의 줄거리나 주제 등에 대해 더 생각하게 되고 그만큼 책을 꼼꼼하게 읽게 됩니다.

둘째, 책을 더 깊이 있게 이해하고 감상할 수 있습니다.

독서감상문을 쓰는 과정에서 책의 내용을 요약해 보며 책의 내용과 느낌을 오래 기억하고, 자신의 생각과 비교해 보며 내용을 체계적으로 정리하고 깊이 있게 감상할 수 있습니다.

셋째, 생각하는 힘과 글쓰기 능력을 길러 줍니다.

독서감상문을 쓰는 과정에서 글의 형식이나 줄거리, 주제 등을 생각하면서 사고력이 커지고, 글로 표현해 보면서 독서감상문뿐만 아니라 여러 종류의 글을 쓰는 능력을 기를 수 있습니다.

독서감상문 쓰기는 어떻게 지도할까요?

아이에게 무작정 책을 읽고 난 뒤 독서감상문을 쓰게 하는 것은 효과가 적고 바람직하지 않습니다. 대부분의 아이들이 학교에 입학해서 선생님이 주는 과제를 통해 처음 독서감상문을 쓰게 됩니다. 처음에 무엇을 어떻게 써야 할지 모르는 아이들이 마구 쓰는 독서감상문에 교육의 효과가 나타날 리 없습니다. 아이가 독서감상문을 제대로 쓰고 교육적인 효과를 보기 위해 세 가지를 중점적으로 지도해 주세요.

☑ 생각을 말로 표현해 보기

가장 먼저, 아이가 책을 읽으면서 들었던 다양한 생각이나 느낌을 말로 표현해 보게 하여 독서 결과를 아이 스스로 느낄 수 있도록 해야 합니다. 독서감상문을 잘 쓰려면 책에 대한 깊이 있는 이해와 감상이 우선입니다. 하지만 모든 아이들이 감상을 글로 잘 나타내는 것은 아닙니다. 따라서 머릿속으로 이해하고 느낀 내용을 먼저 말로 표현한 다음 차근차근 글로 쓰는 연습을 하게 합니다.

☑ 생각과 느낀 점 메모하기

책을 읽다 보면 특정 내용에서 강한 느낌을 받거나 특별한 생각이 들 때가 있습니다. 독서감상문을 연습하는 시기에는 책을 읽으면서 간단하게 메모를 하는 연습을 하면, 책을 읽고 난 뒤에 독서감상문을 쓰는 데 도움이 됩니다.

☑ 여러 가지 형식으로 나타내기

아이가 책을 읽고 난 뒤 생각이나 느낌을 말로 표현할 수 있다면, 그것을 다양한 독서감상문 형식으로 나타내 보며 독서감상문 쓰기에 흥미를 갖도록 해야 합니다. 학교에 다니는 아이들이 쓴 독서감상문을 보면 줄글로만 표현한 독서감상문이 많습니다. 그것만 보고 독서감상문 쓰기에 흥미를 잃게 되는 아이들이 있습니다. 하지만 기본적인 독서감상문 쓰기 연습을 하면서 책의 줄거리나 주제, 자신이 인상 깊었던 점을 마인드맵, 그림 등과 같은 여러 가지 형식으로 다양하게 표현해 본다면 독서감상문을 쓰는 데 흥미를 느끼고 꾸준하게 쓸 수 있습니다. 또한 동화, 인물 이야기, 사회문화 책, 예술 책, 과학 책 등 다양한 장르의 책마다 그 책이 강조하고 있는 점이 다르고, 그런 책을 읽고 난 다음에 쓰는 독서감상문은 자연스럽게 다를 수밖에 없기 때문에 장르에 따른 독서감상문 쓰기 연습도 필요합니다.

아이들은 독서감상문 쓰기를 힘들어합니다. 독서감상문 쓰기를 즐겁게 만드는 것이 엄마의 첫 번째 과제입니다. 독서감상문 역시 학습을 하는 것처럼 어떻게 해야 잘 쓸 수 있는지 알고 연습을 하는 과정이 필요합니다. 〈미리 보고 개념 잡는 초등 독서감상문 쓰기〉로 차근차근 연습하며 나만의 독서감상문을 완성할 수 있도록 도전해 보세요.

차례차례 따라 하면 초등 독서감상문 쓰기 백 점!

1. 독서감상문에 대해 알아보아요!
• 독서감상문이 무엇인지 알고, 기본적인
독서감상문의 짜임과 독서감상문 쓸 때
주의할 점을 알아봅니다.

2. 여러 가지 형식의 독서감상문을 익혀요!
• 여러 가지 형식 알기 → 여러 가지 형식의 독서감상문 알
기 → 책을 소개해요 → 독서감상문 살펴보기 → 독서감
상문 계획 → 독서감상문 쓰기의 과정을 거치며 다양한
형식을 알아보고, 형식에 따른 독서감상문을 써 봅니다.

3. 책의 종류에 따른 독서감상문을 살펴보아요!
• 책의 특징 알기 → 책 종류에 따른 독서감상문 특징 알기 → 책을 소개해요 → 독서감상문 살펴보기
→ 독서감상문 계획 → 독서감상문 쓰기 과정을 거치며 다양한 책의 종류와 특징을 알아보고, 여러
종류의 책을 읽고 독서감상문을 써 봅니다.

형식 및 특징 알기: 여러 가지 형식의 글쓰기 방법과
여러 가지 종류의 책의 특징을 알아봅니다.

 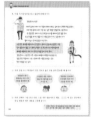

독서감상문 형식 및 특징 알기: 여러 가지 형식으로 쓴 독서감상문과
여러 종류의 책을 읽고 쓴 독서감상문을 살펴봅니다.

책을 소개해요: 여러 가지
종류의 책을 소개합니다.

독서감상문 살펴보기:
소개한 책을 읽고 쓴
독서감상문을 살펴봅니다.

독서감상문 계획:
내가 쓸 독서감상문을
계획해 봅니다.

독서감상문 쓰기:
계획한 내용으로
독서감상문을 써 봅니다.

독서감상문 알기

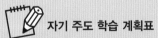 자기 주도 학습 계획표

1. 두 개의 글을 읽고 독서감상문이란 무엇인지 알아봅시다.

---

1 방귀쟁이 며느리

방귀쟁이 며느리는 그동안 뀌지 못했던
방귀를 크게 뀌었다.
"쿠왕 쿵쿵쿵쿵!"
시아버지, 시어머니는 며느리의 방귀가
이렇게까지 셀 거라고 상상도 못했다.
기둥이 들썩들썩, 물건은 휘리릭!
남편은 잡고 있던 기둥을 놓쳐
마당으로 날아갔다.
"아이코, 세상에나!"
"얘야, 이제 제발 그만 뀌거라!"
참다 못한 시어머니가 크게 외쳤다.

---

2 며느리의 슈퍼 방귀

담임 선생님께서 재미있는 책이라며
〈방귀쟁이 며느리〉를 추천해 주셨다.
방귀쟁이 며느리의 방귀는 정말 세다.
집 안 모든 물건이 날아가고, 집 전체가
들썩인다. 남편은 마당으로 날아갔다.
하지만 방귀를 참고 살았던 며느리는
얼마나 답답했을까? 하고 싶은 것을
못하는 마음도 정말 이해가 되었다.
방귀쟁이 며느리야! 정말 고생 많았어!
앞으로는 집에 피해 안 가게 저 멀리
나가서 방귀를 뀌고 오렴.

---

1) 두 개의 글 가운데 책을 읽고 난 뒤에 쓴 글은 몇 번 글인가요?

2) 독서감상문에 대해 이야기하는 내용 중 맞는 말을 한 친구에게 ○표를 해 봅시다.

독서감상문을 쓸 때에는
내가 읽은 책의
줄거리만 쓰면 돼!

독서감상문을 쓸 때에는
줄거리뿐 아니라 나의 느낌과
생각도 쓰는 거야.

> 독서감상문이란, 책을 읽고 난 뒤 느낀 점이나 자신의 생각을 표현한 글이에요. 따라서 자신의
> 솔직한 느낌을 잘 살려 쓴다면 글을 읽는 다른 사람에게도 내가 책에서 느낀 감동을 줄 수 있어요.
> 독서감상문은 편지, 그림, 마인드맵, 인터뷰 등 여러 가지 형식으로 다양하게 표현할 수 있습니다.

2. 독서감상문을 쓰면 도움이 되는 점을 알아봅시다.

1) 지우와 서진이의 모습을 보고, 둘 중 책의 내용을 더 잘 이해하기 위해 노력하는 친구는 누구인지 이름을 써 봅시다.

2) 아래 왼쪽에 있는 글은 지우가 책을 읽고 쓴 독서감상문의 한 부분이에요. 독서감상문을 쓰면서 어떤 점이 도움이 되었는지 오른쪽에서 찾아 선으로 이어 보세요.

나는 〈토끼와 거북〉 책에 나온 거북과 비슷한 경험을 한 적이 있다. 처음에 친구보다 축구를 못했지만 매일 노력하다 보니 그 친구보다 축구를 잘하게 되었다.	책을 읽고 책에 나온 새로운 낱말의 뜻을 알게 되었다.
심청이는 바다에 빠지는 것이 무서웠지만 아버지의 눈을 뜨게 하겠다는 마음 하나로 바다에 몸을 던질 용기가 생겼다.	등장인물에 대한 생각이나 느낌을 이해하게 되었다.
'서자'라는 낱말은 양반인 아버지와 평민인 어머니 사이에서 태어난 아들이라는 것을 〈홍길동전〉을 보고 알았다.	책의 내용과 나의 경험을 연결 지어 생각해 보게 되었다.

3. 〈어린 왕자〉를 읽고 쓴 독서감상문을 살펴보고, 독서감상문에 꼭 들어가야 하는 내용이 무엇인지 알아봅시다.

어린 왕자의 마음

〈어린 왕자〉는 프랑스의 비행사이자 작가인 생텍쥐페리가 쓴 소설이다.
나는 어린 왕자가 여기저기를 여행하면서 느낀 생각이 재미있어서,
점심시간 동안 한 권을 다 읽어 버렸다. 어린 왕자는 정말 많은 별에
가 본다. 항상 자기 말대로 하기를 원하는 왕이 사는 별, 자기를
칭찬하는 말만 듣고 싶어 하는 허영쟁이가 사는 별 등 다양한 사람들이 사는
별에 가게 된다. 그중에서도 지구라는 별에 가게 된 어린 왕자는 자기에게
하나밖에 없는 장미가 지구에서는 흔하다는 것을 알고 충격을 받는다. 하지만 무엇이든
서로에게 길들여지면 특별한 것이 될 수 있다는 여우의 말을 듣고 다시 자기 별로 돌아와
여전히 하나밖에 없는 귀하고 아름다운 장미를 더욱더 소중히 여기며 지내게 된다.
특별하다는 것은 비싸고 귀한 것만이 아니라 내가 어떻게 생각하느냐에 따라 다르다.
〈어린 왕자〉를 읽고 작은 것이라도 관심을 기울이면 특별한 것이 될 수 있다는 것을 느꼈다.

1) 위의 독서감상문을 보고 빈칸에 알맞은 내용을 써 봅시다.

책 제목:	
지은이:	독서감상문 제목:

2) 위의 독서감상문을 보면서 독서감상문에 꼭 들어가야 하는 내용이 무엇인지 찾아 ○ 표를 해 봅시다.

책을 읽은 동기   줄거리   책값   책 구입 날짜   자신의 생각과 느낌
날씨   책을 산 곳   독서감상문 제목

4. 보기 에서 독서감상문에 꼭 들어가야 할 내용을 찾아 빈칸에 알맞은 번호를 써 봅시다.

보기
① 독서감상문 제목   ② 책의 내용   ③ 책 제목   ④ 책에서 얻은 교훈
⑤ 지은이   ⑥ 책을 읽은 동기   ⑦ 자신의 경험과 관련된 생각과 느낌

일곱 마리 까마귀

그림 형제 원저, 우현옥 글, 이윤정 그림

아름다운 우애

얼마 전 동생과 심하게 다퉜다. 아무것도 아닌 일이었는데 다투는 모습을 본 엄마가 〈일곱 마리 까마귀〉를 보고 형제끼리 어떻게 지내야 할지 생각해 보라고 하셨다. 그래서 바로 읽게 되었다.

일곱 명의 아들만 둔 부부는 마침내 간절히 원하던 딸을 얻었다. 일곱 명의 오빠는 여동생에게 서로 물을 길어 주려다가 두레박을 우물에 빠뜨린다. 아버지는 아들들이 너무 늦게 오자 까마귀나 되어 버리라고 말했는데, 아들들이 모두 진짜 까마귀가 되어 멀리 날아가 버렸다. 여동생은 커서 오빠들의 사건을 알고, 여러 힘든 일을 해결하고, 결국 오빠들의 마법을 풀어 주게 되었다.

나는 내 동생에게 아무것도 해 주기가 싫다. 너무 까불고, 나한테 피해만 주기 때문이다. 하지만 이 책을 보니 내가 동생에게 한 행동은 생각하지 않고, 너무 내 생각만 한 것 같다. 동생이 먼저 해 주길 바라지 않고, 내가 먼저 동생에게 베풀고 사랑해야 하는데 그러지 못했다.

나는 이 책을 읽고 가족이 정말 소중하다는 것을 깨달았다. 앞으로 내 동생과 부모님을 더욱 아끼고 사랑하는 마음을 가질 수 있도록 노력해야겠다. 그리고 그렇게 할 수 있도록 나의 행동을 더욱 조심해야겠다.

1. 지훈이가 쓴 독서감상문을 살펴보고 물음에 답해 봅시다.

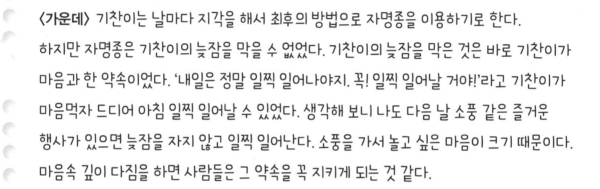

마음과 한 약속

〈처음〉 얼마 전 서점에 갔을 때, 엄마가 〈으악! 늦었다!〉라는 책을 보시고

늦잠을 많이 자는 내게 어울리는 책이라며 사 주셨다. 표지에 나온

아이가 소리를 지르는 모습이 마치 나와 같아서 어떤 내용인지 기대가 되었다.

〈가운데〉 기찬이는 날마다 지각을 해서 최후의 방법으로 자명종을 이용하기로 한다.

하지만 자명종은 기찬이의 늦잠을 막을 수 없었다. 기찬이의 늦잠을 막은 것은 바로 기찬이가

마음과 한 약속이었다. '내일은 정말 일찍 일어나야지. 꼭! 일찍 일어날 거야!'라고 기찬이가

마음먹자 드디어 아침 일찍 일어날 수 있었다. 생각해 보니 나도 다음 날 소풍 같은 즐거운

행사가 있으면 늦잠을 자지 않고 일찍 일어난다. 소풍을 가서 놀고 싶은 마음이 크기 때문이다.

마음속 깊이 다짐을 하면 사람들은 그 약속을 꼭 지키게 되는 것 같다.

〈끝〉 이 책의 기찬이처럼 나도 앞으로 아침 일찍 일어나서 부지런히 생활해야겠다고

마음속으로 다짐을 했다. 스스로 아침 일찍 일어나 부지런히 생활하는 김지훈이 될 것이다.

1) 지훈이가 쓴 독서감상문을 처음, 가운데, 끝으로 나누어 보았습니다. 각 부분에 어떤 내용이 담겨 있는지 알맞은 것을 찾아 선으로 이어 봅시다.

처음	
가운데	
끝	

- 앞으로의 나의 다짐
- 책에 나온 내용에 대한 나의 경험
- 책을 읽게 된 동기
- 책의 줄거리
- 책 표지를 보고 느낀 점

2. 독서감상문의 '처음' 부분을 살펴보고 물음에 답해 봅시다.

1) 아래의 독서감상문에서 〈신데렐라〉를 왜 읽게 되었는지 밑줄을 그어 봅시다.

〈신데렐라〉와 〈콩쥐팥쥐〉

얼마 전 수업 시간에 선생님께서 〈콩쥐팥쥐〉라는 옛이야기를 읽어 주셨다. 재미있게

들으며 나는 콩쥐팥쥐 이야기가 신데렐라 이야기와 많이 비슷하다는 생각을 했다.

신데렐라도 콩쥐처럼 새엄마랑 못된 언니들을 만나고, 여러 가지

어려운 일을 겪기 때문이다. 신데렐라와 콩쥐팥쥐 이야기에서

또 다른 비슷한 점은 없는지 찾아보려고 나는 집에 있는

신데렐라 책을 집어 들었다. 표지에 그려진 예쁜 신데렐라의

모습이 나를 사로잡았다.

2) 아래 독서감상문의 '처음' 부분에 어떤 내용을 썼나요? 잘 읽고 골라 봅시다.

〈해와 달이 된 오누이〉를 읽고

오늘은 무슨 책을 읽을까, 책장을 살펴보다가 〈해와 달이 된 오누이〉라는 제목의 책이 눈에

들어왔다. 오누이가 어떻게 해와 달이 되었을까, 누가 해가 되고 누가 달이 되었을까,

또 해와 달이 된다면 어떨까 궁금해서 책을 읽기 시작했다.

① 책의 제목을 보고 궁금한 점을 썼다.   ② 책을 읽고 느낀 점을 썼다.
③ 앞으로의 나의 다짐에 대해 썼다.   ④ 책의 줄거리를 썼다.

> 독서감상문의 '처음' 부분에는 무엇을 써야 할까요? 보통 독서감상문의 '처음' 부분에는
> 책을 언제, 어디에서, 어떤 계기로 읽게 되었는지를 써요. 그리고 책을 처음 보게 되었을
> 때의 상황이나 특별한 사연, 또는 첫 느낌을 쓸 수도 있어요.

3. 독서감상문의 '가운데' 부분을 살펴보고 물음에 답해 봅시다.

1) 글쓴이가 〈출렁출렁 기쁨과 슬픔〉에서 가장 인상 깊게 읽은 부분은 무엇인지 밑줄을 그어 봅시다.

〈출렁출렁 기쁨과 슬픔〉은 사람이 기쁠 때나 슬플 때 몸에서 일어나는 변화에 대해서 자세히 알려 주는 책이다. 나는 책을 읽으면서 기쁠 때 일어나는 몸의 변화가 참 신기했다. 사람은 기쁘면 볼이 부풀어 오르고 입꼬리가 올라간다. 또 심장이 벌렁벌렁하고 호흡이 빨라진다고 한다. 항상 신나게 웃고 나면 숨이 찼는데 그 이유를 이제야 알게 되었다.

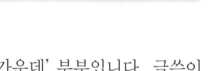

2) 아래의 글은 〈선녀와 나무꾼〉을 읽고 쓴 독서감상문의 '가운데' 부분입니다. 글쓴이는 '가운데' 부분에 어떤 내용을 썼는지 골라 봅시다.

나무꾼은 자식이 둘이나 있었기 때문에 사슴의 말을 듣지 않고 선녀에게 옷을 꺼내 주었다. 나무꾼의 마음도 이해가 가지만 사슴의 말을 듣지 않은 나무꾼이 어리석어 보였다. 내가 나무꾼이라면 사슴의 충고를 무시하지 않고 현명하게 생각해서 옷을 주지 않았을 것이다.

① 등장인물이 한 행동에 대한 자신의 생각이나 느낌을 썼다.

② 책을 처음 보고 느낀 점을 썼다.

③ 책을 읽게 된 동기에 대해 썼다.

④ 앞으로의 나의 다짐에 대해 썼다.

> 독서감상문의 '가운데' 부분에는 자신이 읽은 책의 줄거리를 쓰거나 책에서 재미있었던 점, 슬펐거나 감동적인 점, 아쉬웠던 점 등을 쓸 수 있어요. 또 등장인물에 대한 자신의 생각이나 느낌, 주인공과 내가 어떻게 다른지도 쓸 수 있습니다.

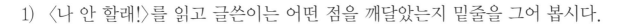

4. 독서감상문의 '끝' 부분을 살펴보고 물음에 답해 봅시다.

1) 〈나 안 할래!〉를 읽고 글쓴이는 어떤 점을 깨달았는지 밑줄을 그어 봅시다.

주먹밖에 못 내는 사슴을 위해 너구리와 다람쥐는 가위바위보를 입으로 하자는 아이디어를 냈다. 친구를 배려하는 너구리와 다람쥐의 모습이 참 아름다웠다. 만약 너구리와 다람쥐가 사슴을 배려하지 않았다면 사슴은 같이 놀 수 없었을 것이다. 누군가 어려운 일이 생겼을 때 서로 조금씩 배려한다면 모두가 함께 행복해진다는 것을 알게 되었다.

2) 아래의 독서감상문을 읽고, '끝' 부분에 어떤 내용을 썼는지 골라 봅시다.

심청이는 아버지를 위해 자신을 희생했다. 아버지의 눈을 뜨게 하려고 바다에 몸까지 던진 것이다. 나는 부모님께 항상 걱정만 끼친다. 심청이보다 많은 면에서 부족하다. 앞으로는 나도 심청이처럼 부모님께 예의 바르게 행동하고, 부모님을 기쁘게 해 드릴 수 있는 서진이가 될 것이다. 꼭 그렇게 할 수 있도록 노력하겠다.

① 책의 줄거리를 썼다.
② 책을 읽게 된 동기에 대해 썼다.
③ 앞으로의 자신의 다짐에 대해 썼다.
④ 책을 처음 보고 느낀 점을 썼다.

독서감상문의 '끝' 부분에는 책을 읽고 깨달은 점이나 감동받은 내용을 쓰면서 마무리하면 좋아요.

17

1. 책의 내용을 바르게 이해해요.

다음 책 소개를 보고 책의 내용을 바르게 이해했는지 아래 물음에 답해 봅시다.

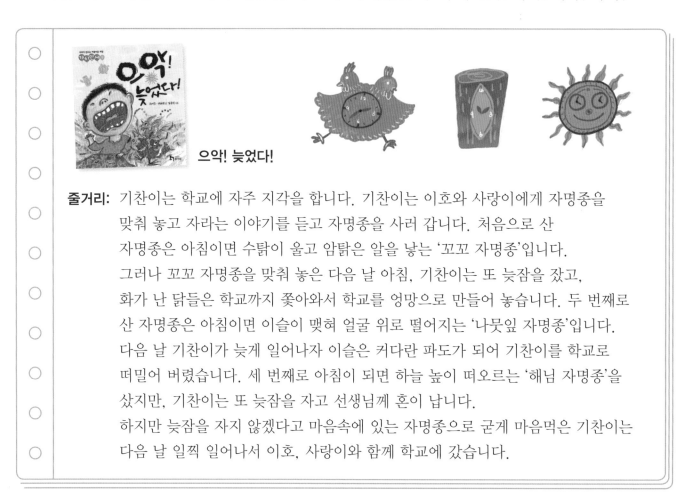

으악! 늦었다!

줄거리: 기찬이는 학교에 자주 지각을 합니다. 기찬이는 이호와 사랑이에게 자명종을 맞춰 놓고 자라는 이야기를 듣고 자명종을 사러 갑니다. 처음으로 산 자명종은 아침이면 수탉이 울고 암탉은 알을 낳는 '꼬꼬 자명종'입니다. 그러나 꼬꼬 자명종을 맞춰 놓은 다음 날 아침, 기찬이는 또 늦잠을 잤고, 화가 난 닭들은 학교까지 쫓아와서 학교를 엉망으로 만들어 놓습니다. 두 번째로 산 자명종은 아침이면 이슬이 맺혀 얼굴 위로 떨어지는 '나뭇잎 자명종'입니다. 다음 날 기찬이가 늦게 일어나자 이슬은 커다란 파도가 되어 기찬이를 학교로 떠밀어 버렸습니다. 세 번째로 아침이 되면 하늘 높이 떠오르는 '해님 자명종'을 샀지만, 기찬이는 또 늦잠을 자고 선생님께 혼이 납니다. 하지만 늦잠을 자지 않겠다고 마음속에 있는 자명종으로 굳게 마음먹은 기찬이는 다음 날 일찍 일어나서 이호, 사랑이와 함께 학교에 갔습니다.

1) 〈으악! 늦었다!〉에 나오는 인물은 누구인지 ◯로 표시해 봅시다.

2) 기찬이는 무엇 때문에 자명종을 샀는지 이유를 찾아 ( )로 표시해 봅시다.

3) 꼬꼬 자명종, 나뭇잎 자명종, 해님 자명종의 특징을 찾아 ☐로 표시해 봅시다.

4) 기찬이가 일찍 일어나게 된 이유를 찾아 밑줄을 그어 봅시다.

동화의 줄거리를 제대로 이해하려면 인물, 사건, 배경에 대해서 알아야 해요.
인물, 사건, 배경이 무엇인지 여러 가지 표시를 하며 책을 읽어 보세요.

2. 어떤 형식으로 쓸지 생각해요.

〈출렁출렁 기쁨과 슬픔〉이란 책을 읽고 독서감상문으로 쓸 내용을 보고, 어떤 형식이 알맞을지 친구들의 말을 찾아 선으로 이어 봅시다.

쓸 내용

얼마 전에 키우던 강아지가 죽어서 슬픈 친구에게 슬픔을 이겨 낼 수 있는 방법을 친절하게 이야기하듯 알려 주고 싶어!

인터뷰 형식으로 쓰는 게 좋겠어!

태완

쓸 내용

내가 기쁘거나 슬플 때 어떤 표정을 짓는지 특징을 그림으로 그려 보면 좋을 것 같아.

그림 형식으로 쓰는 게 좋겠어!

주환

쓸 내용

기쁨과 슬픔에 대한 과학적인 내용을 전문가에게 묻고 답하는 형식으로 쓰고 싶어!

편지 형식으로 쓰는 게 좋겠어!

보은

쓸 내용

아이들이 기쁠 때나 슬플 때 쓰는 여러 가지 흉내 내는 말이나 재미있는 표현을 사용하여 짧은 글로 쓰고 싶어!

동시 형식으로 쓰는 게 좋겠어!

화진

독서감상문은 여러 가지 형식으로 쓸 수 있어요. 독서감상문에 어떤 내용을 어떻게 쓰느냐에 따라 형식은 달라질 수 있어요.

3. 이야기의 주제를 파악하고 독서감상문을 써요.

〈나 안 할래!〉를 읽고 그린 만화를 보고 물음에 답해 봅시다.

1) 〈나 안 할래!〉 책을 읽고 만화를 그린 다음 독서감상문을 썼습니다. 이야기의 주제
와 맞지 <u>않은</u> 내용을 독서감상문에서 지워 봅시다.

> 어제 달리기가 느린 지훈이한테 짜증을 내고 말았다. 〈나 안 할래!〉를 읽고 나니 달리기가
>
> 느린 지훈이를 배려하지 못한 것 같아 미안했다. 지훈이는 손이 예쁘다. 주먹밖에 못 내는
>
> 사슴을 배려한 너구리와 다람쥐처럼 나도 친구를 이해하고 배려하도록 노력해야겠다.

2) 〈나 안 할래!〉의 주제로 바른 것을 골라 봅시다.

① 숨바꼭질을 할 때 잘 숨어야 한다.　　② 부모님께 효도를 해야 한다.

③ 가위바위보를 잘해야 한다.　　④ 다른 사람을 배려해야 한다.

> 독서감상문을 쓸 때는 책에 나온 이야기의 주제를 파악하고 쓰는 것이
> 중요해요. 이야기 주제에 맞지 않는 내용은 쓸 필요가 없습니다.

4. 독서감상문을 읽고 평가해요.

독서감상문을 쓰고 난 뒤에는 다시 읽고 평가하며 잘못된 곳을 고치기도 합니다. 〈팥죽 할머니와 호랑이〉를 읽고 쓴 편지 형식의 독서감상문을 읽고, 아래에 있는 독서감상문 평가표의 '그렇다, 아니다'에 ○표를 해 봅시다.

팥죽 할머니께

할머니, 안녕하세요. 저는 팥죽을 정말 좋아하는 현욱이라고 해요.

팥죽을 좋아하는 제가 '팥죽 할머니와 호랑이' 라는 제목을

보고 그냥 지나칠 리가 없지요. 그래서 얼른 책을 읽어

보았어요. 팥밭을 매고 있을 때 호랑이가 내려와서 얼마나

놀라셨을까요? 팥죽을 끓여 놓고 나서는 호랑이가 와서 잡아먹을까 봐

또 얼마나 걱정되셨을까요? 하지만 재치 있는 달걀이 툭 튀어나와 호랑이 눈을 때리고, 자라가

앞발을 꽉 물고, 물찌똥에 호랑이가 찌익 미끄러지고, 송곳이 등을 찌르고, 절구통이 호랑이

머리통을 탁 때리고, 멍석이 또르르 말아 호랑이를 강에 첨벙 던졌을 때 정말 통쾌했어요.

할머니가 잡아먹히지 않고 오래오래 살 수 있게 되어서 정말 다행이에요. 저도 할머니 팥죽을

꼭 한번 먹어 보고 싶어요. 건강하세요.

책에 나오는 인물, 사건, 배경을 제대로 파악했나요?	그렇다	아니다
책을 읽은 동기가 독서감상문에 잘 드러났나요?	그렇다	아니다
자신이 말하고자 하는 내용에 알맞은 독서감상문 형식을 선택했나요?	그렇다	아니다
이야기의 줄거리를 잘 썼나요?	그렇다	아니다
이야기의 주제가 잘 드러나게 독서감상문을 썼나요?	그렇다	아니다

독서감상문을 쓰고 난 뒤 다시 읽고 평가한 뒤에 고쳐 쓴다면 더 좋은 독서감상문을 쓸 수 있어요.

여러 가지 형식으로 독서감상문 쓰기

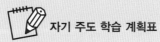 자기 주도 학습 계획표

학습일	쪽	학습 내용	공부한 날	확인
1일차	24~25	편지 형식과 편지 독서감상문의 특징 알기	/	
2일차	26~27	소개한 책을 읽고 쓴 편지 독서감상문 살펴보기	/	
3일차	28~29	편지 독서감상문을 계획하고 써 보기	/	
4일차	30~31	동시 형식과 동시 독서감상문 특징 알기	/	
5일차	32~33	소개한 책을 읽고 쓴 동시 독서감상문 살펴보기	/	
6일차	34~35	동시 독서감상문을 계획하고 써 보기	/	
7일차	36~37	일기 형식과 일기 독서감상문의 특징 알기	/	
8일차	38~39	소개한 책을 읽고 쓴 일기 독서감상문 살펴보기	/	
9일차	40~41	일기 독서감상문을 계획하고 써 보기	/	
10일차	42~43	그림 표현 형식과 그림 독서감상문의 특징 알기	/	
11일차	44~45	소개한 책을 읽고 쓴 그림 독서감상문 살펴보기	/	
12일차	46~47	그림 독서감상문을 계획하고 써 보기	/	
13일차	48~49	만화 형식과 만화 독서감상문의 특징 알기	/	
14일차	50~51	소개한 책을 읽고 쓴 만화 독서감상문 살펴보기	/	
15일차	52~53	만화 독서감상문을 계획하고 써 보기	/	
16일차	54~55	마인드맵 형식과 마인드맵 독서감상문의 특징 알기	/	
17일차	56~57	소개한 책을 읽고 쓴 마인드맵 독서감상문 살펴보기	/	
18일차	58~59	마인드맵 독서감상문을 계획하고 써 보기	/	
19일차	60~61	인터뷰 형식과 인터뷰 독서감상문의 특징 알기	/	
20일차	62~63	소개한 책을 읽고 쓴 인터뷰 독서감상문 살펴보기	/	
21일차	64~65	인터뷰 독서감상문을 계획하고 써 보기	/	
22일차	66~67	상장 형식과 상장 독서감상문의 특징 알기	/	
23일차	68~69	소개한 책을 읽고 쓴 상장 독서감상문 살펴보기	/	
24일차	70~71	상장 독서감상문을 계획하고 써 보기	/	

1. 호중이가 희철이에게 편지를 썼습니다. 편지를 읽고 물음에 답해 봅시다.

> 희철이에게
>
> 안녕, 희철아! 잘 지내고 있니? 자주 만날 수 없어서 정말 아쉽다.
> 작년에는 같은 반이어서 매일 얼굴 봤었잖아. 그때는 네가 집이 먼데도
> 우리 집까지 들러서 학교에 같이 가고는 했었지. 서로 좋아하는
> 가수 이야기를 하면서 학교에 가면 시간 가는 줄 몰랐어.
> 하지만 올해는 네가 전학을 가서 함께 학교에 갈 수 없어서 정말 아쉬워.
> 조금 멀리 있지만 아직도 나의 가장 친한 친구는 바로 너야. 다음 달이 방학이니까
> 그때는 꼭 시간 내서 놀러 갈게. 이 편지 받으면 꼭 답장 부탁해.
> 요새 많이 덥다. 밥 잘 먹고 건강한 모습으로 보자. 안녕!
>
> 6월 28일
> 너의 친구 호중이가

1) 위 편지를 쓴 목적으로 알맞은 것에 ○표를 해 봅시다.

희철이에게 자신이 했던 일을 사과하기 위해서	희철이를 자신의 생일에 초대하기 위해서	희철이가 잘 지내고 있는지 안부를 묻기 위해서

> 편지는 자기가 하고 싶은 말(편지를 받는 사람이 잘 지내는지 알아보거나 고마움을 표현할 때, 축하할 때, 초대할 때, 사과할 때 등)을 다른 사람에게 이야기하듯 쓰는 글의 형식이에요.

2) 편지에 들어갈 내용으로 알맞지 <u>않은</u> 것을 찾아 ○표를 해 봅시다.

받을 사람   첫인사   안부 묻기   하고 싶은 말   내가 좋아하는 친구 이름
끝인사   쓴 날짜

1. 〈개뼈다귀 소뼈다귀〉를 읽고 지훈이가 편지 독서감상문을 썼어요. 독서감상문을 읽고 물음에 답해 봅시다.

꿀민이에게

안녕, 꿀민아! '개뼈다귀 소뼈다귀'라는 말이 대체 무엇인지 궁금해서 책을 펼쳤는데,

그 말은 꿀민이 네가 화가 났을 때 하는 나쁜 말이더라. 그래서 처음에는 너를 안 좋게

생각했어. 하지만 꿀민이 네가 나쁜 말을 쓰면 안 좋은 점을 알고 후회하며 우는 모습에

마음이 좀 누그러졌어. 나는 꿀민이 네가 나쁜 말을 한 것을 반성하는 모습이 참 보기 좋았어.

남을 배려하지 않으면 자신이 더 안 좋은 일을 겪을 수 있어. 그러니 앞으로는 나쁜 말은 쓰지

말았으면 해. 책을 읽고 나도 얼마 전 친구에게 지우개를 안 빌려주고,

나쁜 말을 한 걸 무척 후회했어. 앞으로는 배려할 줄 알고, 좋은 말을

하는 지훈이가 되려고 해.

다음 책에서는 웃는 얼굴로 보자. 안녕!

10월 28일

⊙   지훈이가

1) 누구에게 쓴 편지인가요?

_____

2) 지훈이는 책을 읽고 무엇을 느꼈나요?

   ① 지훈이는 꿀민이와 함께 신나게 놀고 싶었다.

   ② 꿀민이와 함께 생일잔치에 가고 싶었다.

   ③ 남을 배려하는 마음을 가져야겠다고 생각했다.

   ④ 봉사하는 마음을 가져야겠다고 생각했다.

3) ⊙에 들어갈 알맞은 말을 골라 봅시다.

   ① 부모님을 사랑하는   ② 배가 고픈

   ③ 다시 만날 날을 기대하며   ④ 머리가 아픈

> 받는 사람이나 보내는 사람 이름 앞에 자신의 마음을 담아 표현하는 것은 편지에서 볼 수 있는 독특한 형식이에요.

1. 이런 책을 읽어요.

제목: 한 권으로 읽는 신화 이야기 32편 그리스 로마 신화

엮은이: 박선희   **출판사:** 미래엔 아이세움

2. 책의 내용을 살펴봐요.

등장인물

 제우스: 번개와 벼락을 마음대로 부리고 자유자재로 변신하는 신들의 왕

 **아테나:** 사람들에게 옷감 짜기, 그릇 빚기, 농사짓기 등을 가르친 기술의 신이자 전쟁과 지혜의 신

 아폴론: 음악과 악기 연주를 좋아하는 예술의 신

 헤라클레스: 최고의 힘을 가진 그리스 신화 최대의 영웅

 피그말리온: 조각상을 사랑한 키프로스 섬의 왕

 아킬레우스: 불사신이었으나 발뒤꿈치에 유일한 약점을 가진 슬픈 영웅

3. 친구들의 생각을 알아봐요.

그리스 신화는 고대 그리스 민족이 만들어 낸 신화와 전설을 말해.

그리스 신화는 신과 영웅, 그리고 인간들의 관계에 관한 이야기야.

그리스 로마 신화는 트로이 전쟁 같이 실제 일어났던 사건도 이야기로 만들어서 굉장한 가치가 있어.

1. 〈그리스 로마 신화〉를 읽고 쓴 편지 독서감상문을 보고 물음에 답해 봅시다.

헤라클레스에게

안녕, 헤라클레스! 잘 지내고 있니?

신화 이야기가 정말 궁금해서 읽게 된 이 책에서

헤라클레스 너를 알게 되어 정말 기뻐.

난 아직도 하늘을 떠받치는 아틀라스 대신 네가 하늘을 떠받치겠다고 했을 때가 생각이 나.

아무리 세상에서 가장 힘이 센 영웅이라지만 하늘을 떠받치고 있을 수 있다니, 너의 강한 힘이

정말 대단해 보였어. 그래서 부탁을 좀 하려고 이렇게 편지를 쓰게 되었어.

내일 우리 집이 이사를 간단다. 혹시 내일 시간이 되면 우리 집에 들러 줄래?

힘센 네가 도와준다면 이삿짐을 금세 나를 수 있을 것 같아. 이사가 끝나면 자장면하고

탕수육도 함께 먹자. 꼭 와 주었으면 좋겠어.

부탁할게, 안녕!

　　　　　　　　　　　　　　　　　　　　　　너를 정말 믿고 있는 친구 수영이가

1) 〈그리스 로마 신화〉를 읽고 수영이는 누구에게 왜 편지를 썼는지 써 봅시다.

_____

2) 수영이가 〈그리스 로마 신화〉를 읽고 인상 깊게 여긴 장면을 골라 ○표를 해 봅시다.

편지 형식의 독서감상문을 쓸 때는 책에서 가장 인상 깊은 장면과 편지를 쓰는 이유가 서로 어울리면 더욱 좋습니다.

27

1. 어떤 책을 읽었나요?

_____

2. 책을 읽고 가장 인상 깊었던 내용이 무엇인지 써 봅시다.

_____

_____

_____

3. 누구에게 편지를 쓸 것인가요?

_____

4. 책을 읽고 편지를 쓰는 이유를 정해 ○표를 해 봅시다.

> 축하   감사   초대   사과   안부   부탁   격려   문의   위로

5. 보기 와 같은 편지 형식에 맞게 편지 내용을 구성해 봅시다.

보기

받는 사람: 피그말리온

첫인사: 기쁘게 인사

안부 묻기: 책을 읽으며 소식을 들었음.

하고 싶은 말:
간절히 원하면 이루어진다더니 네가 사랑하는 조각상과 결혼하게 된 걸 진심으로 축하해.

끝인사: 앞으로 행복하게 살면 좋겠어.

쓴 날짜: 9월 9일

쓴 사람: 세움이

1. 계획한 내용으로 편지 형식의 독서감상문을 써 봅시다.

1) 독서감상문을 다시 읽어 봅시다. 고칠 부분은 없나요?

_____

2) 편지 형식으로 독서감상문을 쓰면 어떤 점이 좋은가요?

_____

1. 준건이가 동시를 썼어요. 동시를 소리 내어 읽고 물음에 답해 봅시다.

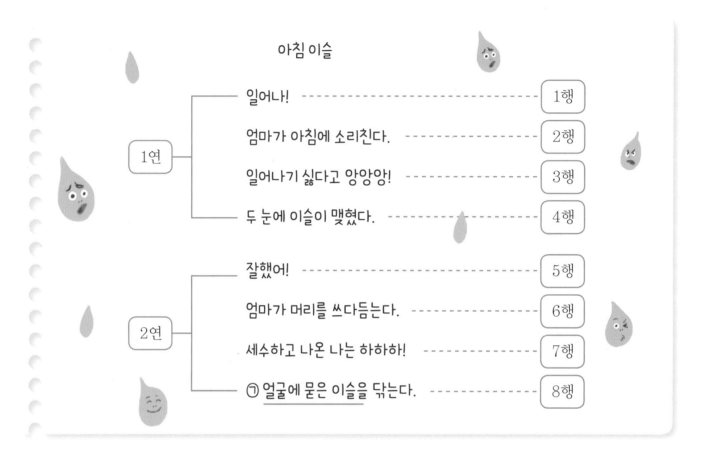

아침 이슬

1연
일어나! ······ 1행
엄마가 아침에 소리친다. ····· 2행
일어나기 싫다고 앙앙앙! ····· 3행
두 눈에 이슬이 맺혔다. ····· 4행

2연
잘했어! ······ 5행
엄마가 머리를 쓰다듬는다. ····· 6행
세수하고 나온 나는 하하하! ····· 7행
㉠얼굴에 묻은 이슬을 닦는다. ····· 8행

1) 준건이는 무엇을 소재로 동시를 썼는지 알맞은 그림에 ○표를 해 봅시다.

> 동시의 소재는 무엇이든 될 수 있어요. 말하고자 하는 바가 뚜렷하고 독자의 공감을 불러일으킬 수 있다면 좋은 동시의 소재가 될 수 있어요.

2) 동시 '아침 이슬'은 몇 연 몇 행인가요?　　　　 연　　　　 행
　　　　　　　　　　　　　　　　　　　　　　　─────　　─────

3) ㉠에서 '얼굴에 묻은 이슬'이란 무엇을 의미하는지 골라 봅시다.

　① 나뭇잎에 맺힌 이슬　　　　　② 세수하고 나서 얼굴에 묻은 물

　③ 창문에 맺힌 빗방울　　　　　④ 얼굴에 흐른 눈물

> 동시란, 어린이들의 생활 모습, 생각이나 느낌을 짧은 문장으로 표현한 글이에요. 말에 느낌과 감동을 담기 위해 대상을 그대로 표현하지 않고 빗대어 표현해요. 이것을 '비유'라고 합니다.

1. 〈흥부와 놀부〉를 읽고 쓴 동시 독서감상문을 보고 물음에 답해 봅시다.

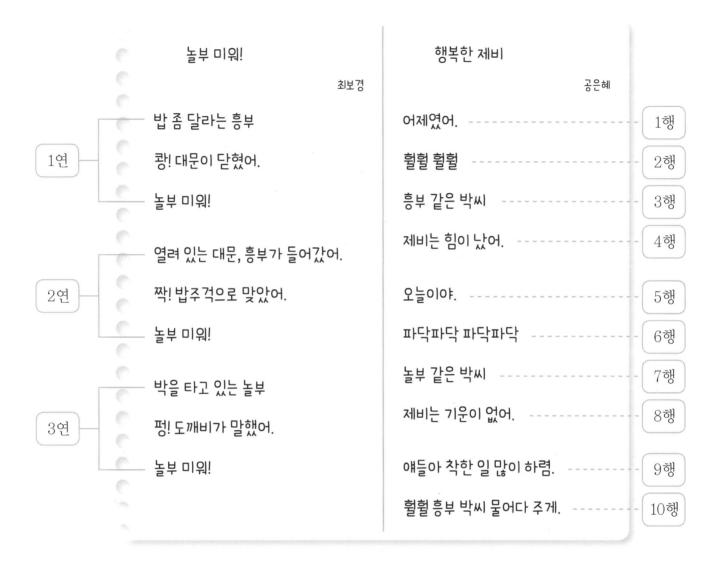

놀부 미워!

최보경

1연
밥 좀 달라는 흥부
쾅! 대문이 닫혔어.
놀부 미워!

2연
열려 있는 대문, 흥부가 들어갔어.
짝! 밥주걱으로 맞았어.
놀부 미워!

3연
박을 타고 있는 놀부
펑! 도깨비가 말했어.
놀부 미워!

행복한 제비

공은혜

어제였어. ⸺⸺⸺ 1행
훨훨 훨훨 ⸺⸺⸺ 2행
흥부 같은 박씨 ⸺⸺⸺ 3행
제비는 힘이 났어. ⸺⸺⸺ 4행

오늘이야. ⸺⸺⸺ 5행
파닥파닥 파닥파닥 ⸺⸺⸺ 6행
놀부 같은 박씨 ⸺⸺⸺ 7행
제비는 기운이 없어. ⸺⸺⸺ 8행

얘들아 착한 일 많이 하렴. ⸺⸺⸺ 9행
훨훨 흥부 박씨 물어다 주게. ⸺⸺⸺ 10행

1) 동시의 주제로 알맞은 것을 선으로 이어 봅시다.

놀부 미워! •　　　　　　• 욕심 많은 놀부가 미운 마음

행복한 제비 •　　　　　　• 사람들이 착한 일을 많이 했으면 하는 마음

> 동시에서 주제란 시가 말하고자 하는 것으로 시를 쓸 때 가장 중요해요.

2) 동시 '행복한 제비'에서 흉내 내는 말을 찾아 밑줄을 그어 봅시다.

> 동시에는 운율과 리듬을 느낄 수 있도록 모양이나 움직임, 소리를 흉내 내는 말을 많이 사용합니다.

1. 이런 책을 읽어요.

제목: 내 동생은 못 말려

글: 김종렬   **그림:** 이상권   **출판사:** 미래엔 아이세움

2. 책의 내용을 살펴봐요.

등장인물

영희
못 말리는 영철이의 동생으로
벌레를 무서워하지 않는
활달하고 귀여운 아이

영철
영희를 싫어하는 듯하지만
누구보다도 영희를 아끼는
영희의 오빠

줄거리: 말썽꾸러기 영희는 영철이의 동생이에요. 영희는 언제나 오빠에게 놀아 달라며
떼를 쓰지요. 영철이는 영희가 바라는 걸 모두 무시하는 듯 보이지만 결국에는
영희와 놀아 주는 착한 오빠예요. 영철이는 늘 영희가 귀찮다고 생각했지만
영희가 독감에 걸리자 자신의 동생이 소중하다는 것을 깨닫게 됩니다.

3. 친구들의 생각을 알아봐요.

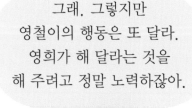

영철이는 영희가
해 달라는 건 뭐든
귀찮다고 생각해.

그래. 그렇지만
영철이의 행동은 또 달라.
영희가 해 달라는 것을
해 주려고 정말 노력하잖아.

영철이는 영희를
위해서라면 뭐든지
해 줄 것 같은 백 점짜리
오빠야.

1. 〈내 동생은 못 말려〉를 읽고 쓴 동시 독서감상문을 보고 물음에 답해 봅시다.

숨바꼭질

오승연

바스락! 바스락!

오빠, 숨바꼭질하자!

아, 귀찮게 하네. 얼른 숨어.

말괄량이 내 동생

쓰으윽! 싸싸삭!

오빠, 나 숨었어!

아, 귀찮게 하네. 찾는다.

청개구리 같은 내 동생

⊙

오빠, 나 어디 숨었게?

아, 귀찮게 하네. 어딨을까?

천방지축 내 동생

따그락! 따그락!

오빠, 나 여깃지!

아, 없어진 줄 알고 걱정했잖아.

사랑하는 내 동생

1) 동시 '숨바꼭질'을 읽고, 동시의 특징을 <u>모두</u> 골라 ○표를 해 봅시다.

재미있다   문장이 짧다   흉내 내는 말이 많다   반복되는 말이 많다

동시는 말하고자 하는 내용을 짧은 문장으로 리듬감 있게 표현하기 때문에 반복되는 말, 흉내 내는 말을 많이 써서 감상하는 사람들에게 재미를 줍니다.

2) ⊙에 들어갈 영희가 움직이는 모양을 흉내 내는 말을 생각해 써 봅시다.

_____

3) 승연이가 쓴 동시의 주제가 무엇인지 알맞은 것을 골라 봅시다.

① 오빠가 동생을 사랑하는 마음   ② 오빠가 동생을 귀찮아하는 마음

③ 오빠와 동생이 숨바꼭질하는 것   ④ 오빠와 동생이 뜀박질하는 것

1. 어떤 책을 읽었나요?

_____

2. 책을 읽고 떠오르는 낱말을 써 봅시다.

_____

3. 2에서 쓴 것 중에서 동시로 쓰고 싶은 소재를 연으로 구성해 봅시다.

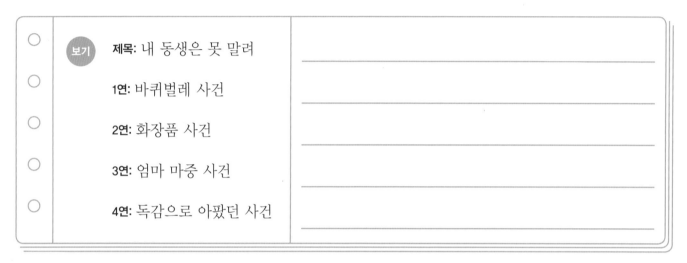

4. 3에서 구성한 내용을 보기 처럼 자세히 풀어 써 봅시다.

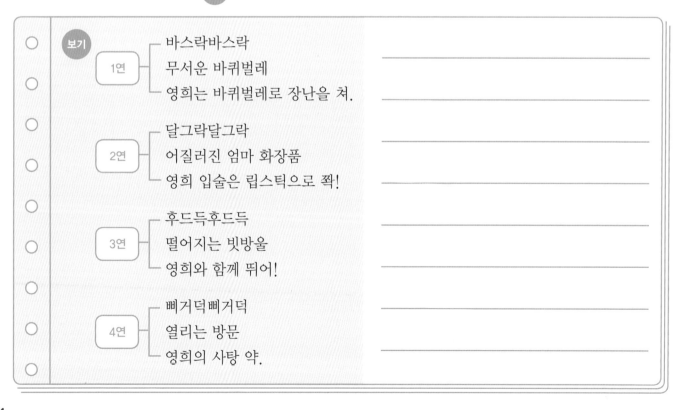

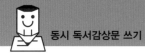

1. 계획한 내용으로 동시 형식의 독서감상문을 써 봅시다.

1) 동시의 주제는 무엇인가요?

2) 어느 부분이 가장 마음에 드나요?

1. 지훈이의 일기를 읽고 물음에 답해 봅시다.

> 4월 10일 토요일 날씨: 맑음
>
> 제목: 수업 시간에 있었던 일
>
> 엄마와 아빠가 오후에 모임에 가셨다. 갑작스럽게 생긴
> 약속이어서 부모님께서는 바삐 서두르셨다. "금방 다녀올 테니까 둘이 집에 잠깐만 있으렴."
> 하고 부모님은 급하게 나가셨다. 나와 동생만 집에 남게 되었다.
> 엄마가 급하게 나가셔서 집 안은 지저분했다. 지저분한 집을 보자, 예전에 선생님께서
> 외출하고 왔더니 깨끗해진 집을 보고 기분이 좋았었다고 한 말씀이 떠올랐다.
> 나는 동생한테 얘기를 하고 우리는 열심히 청소를 했다. "엄마 왔다!" 집에 돌아온 부모님은
> 둘이 청소해 놓은 걸 보시고 정말 기뻐하셨다. 게다가 저녁은 내가 가장 좋아하는 불고기!
> 다음부터는 부모님이 안 계시면 집안일을 조금씩 해야겠다.

1) 지훈이의 일기에 대한 내용으로 알맞은 것은 무엇인가요?

① 날짜와 요일, 날씨를 쓰지 않았다.

② 생각과 느낌을 쓰지 않았다.

③ 일기의 글감을 정하지 않고 모든 일을 다 썼다.

④ 제목과 내용이 어울리지 않는다.

> 일기를 쓸 때에는 일기를 쓴 날짜와 요일, 날씨와 제목을 꼭 써요. 제목은 내용과 어울리게 써야 해요.

2) 지훈이가 일기에 쓴 내용을 육하원칙에 맞추어 정리해 보았어요. 빈칸에 알맞은 말을 써 봅시다.

누가: ( )	언제: 4월 10일 토요일에	어디서: ( )
무엇을: 청소를	어떻게: 부모님이 나가신 동안 집을 깨끗하게 치웠다.	
왜: ( )		

> 일기를 쓸 때, 그날 있었던 일을 '누가, 언제, 어디서, 무엇을, 어떻게, 왜'와 같이 자세히 쓰는 것이 좋아요. 그리고 그날 있었던 일뿐 아니라 생각과 느낌을 쓰는 것은 더 중요합니다.

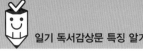

1. 지민이가 〈신데렐라〉를 읽고 쓴 일기 독서감상문을 보고 물음에 답해 봅시다.

9월 4일 토요일 날씨: 좋은 바람이 많이 분 날

제목: 신데렐라 같은 마음

내 친구 수현이가 새로 나온 〈신데렐라〉 책을 빌려주어서 읽게 되었다. 표지 그림에 나온 신데렐라가 참 예뻐서 빨리 읽고 싶었다. 신데렐라는 어머니가 일찍 돌아가셔서 계모와 못된 두 언니와 함께 살게 되었다. 왕국에서 파티가 열려도 갈 수 없을 만큼 신데렐라는 집안일이 많았다. 하지만 요정의 도움을 받아 파티에 가게 된다. 자정이 되어 마법이 풀려 급하게 도망치다 구두 한 짝을 잃어버리지만 결국 구두 때문에 다시 왕자를 만나 결혼을 한다.

신데렐라는 힘들게 살았지만 따뜻한 마음을 가졌다.

오늘 낮에 친구 지수를 만났는데, 며칠 전 나한테 준비물을 안 빌려준 일이 생각나서 나는 인사를 제대로 하지 않았다. 신데렐라를 생각하니 갑자기 내가 못나 보인다. 나도 신데렐라처럼 언제나 따뜻한 마음을 가져야겠다.

1) 〈신데렐라〉의 줄거리를 생각해, 가운데 들어갈 일이 무엇인지 그림을 보고 내용을 써 봅시다.

계모와 언니들이 신데렐라를 괴롭힘.

파티에서 잃어버린 구두를 왕자가 찾아 주고 결혼하게 됨.

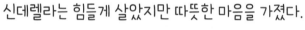
일기 형식 독서감상문의 소재는 '자신이 하루 동안 읽은 책 내용'이에요.

2) 지민이가 〈신데렐라〉를 읽고 느낀 점은 무엇인지 알맞은 문장에 밑줄을 그어 봅시다.

일기 형식의 독서감상문에서 중요한 것은 책을 읽고 느낀 점을 적는 거예요.

1. 이런 책을 읽어요.

제목: 폭풍우 치는 밤에	
글: 키무라 유이치	**그림:** 아베 히로시
옮긴이: 김정화	**출판사:** 미래엔 아이세움

2. 책의 내용을 살펴봐요.

등장인물

늑대
안녕? 나는 덥석덥석 골짜기에 살고 있는 늑대라고 해.

염소
안녕? 나는 산들산들 산 쪽에 살고 있는 염소라고 해.

줄거리: 폭풍우 치는 밤 염소가 비를 피해 오두막으로 들어갔어요. 캄캄해서 아무것도 보이지 않았지요. 그때 같은 오두막에 발목을 삔 늑대가 들어왔어요. 서로가 누구인지 모르는 늑대와 염소는 즐겁게 대화를 나눴어요. 그리고 어둠이 걷히기 전에 늑대와 염소는 다음에 만나기로 약속을 하고 헤어져요.

3. 친구들의 생각을 알아봐요.

늑대와 염소는 친해질 수 없는 사이인데 서로 누구인지 몰랐기 때문에 얘기를 나눌 수 있었어.

맞아. 하지만 마음이 통하니까 이야기를 즐겁게 나눌 수 있었을 거야.

겉모습으로 상대방을 판단하지 말고, 그 사람의 마음을 볼 수 있는 사람이 되어야겠어.

1. 〈폭풍우 치는 밤에〉를 읽고 쓴 일기 독서감상문을 보고 물음에 답해 봅시다.

> 10월 28일 토요일 날씨: 비가 오다가 갬
>
> 제목 : 마음으로 통하는 우정
>
> 학급 문고에 있는 〈폭풍우 치는 밤에〉라는 책을 우연히 보게 되었다. 폭풍우
> 치는 밤에 염소와 늑대는 오두막에서 우연히 만난다. 오두막은 불빛 하나 없이 깜깜해서
> 둘은 서로가 누구인지 모르고 이야기를 나눈다. 모습은 볼 수 없지만 이야기를 나누면서
> 서로가 괜찮은 친구라고 느끼고, 헤어지면서 기쁜 마음으로 다시 만날 것을 약속한다.
> 얼마 전 짝을 바꾸는데 늘 지저분하게 입고 다니는 친구와 짝이 되어 기분이 안 좋았다.
> 그 친구가 지저분해 보여서 성격도 안 좋을 거라고 생각했던 것이다. 하지만 그 친구는
> 지우개도 잘 빌려주고, 나를 잘 도와주는 착한 친구였다. 늑대와 염소가 서로의 모습을
> 보지 않고 마음을 나눈 것처럼, 나도 겉모습만 보고 친구를 판단하지 않고, 친구의 마음을
> 볼 수 있도록 노력해야겠다. 그래서 친구의 눈빛만 봐도 마음을 아는 그런 친구가 되고 싶다.

1) 〈폭풍우 치는 밤에〉 책의 주제를 써 보았어요. (보기)에서 알맞은 낱말을 찾아 빈칸에 써 봅시다.

> 일기 독서감상문을
> 쓸 때에는 책의 주제를
> 알고 쓰는 것이 필요해요.

| 보기 | 겉모습   염소   늑대   마음   짝   신경   결정   노력 |

사람을 _____ 으로 판단하지 않고 그 사람의 _____ 을 보아야 한다.

2) 위의 일기 독서감상문에 대해 <u>잘못</u> 말한 것을 골라 봅시다.

① 글을 쓴 사람은 〈폭풍우 치는 밤에〉를 읽었다.

② 날짜와 요일, 날씨를 적었다.

③ 자신의 생각이나 느낌은 쓰지 않았다.

④ 책을 읽고 자신이 반성하고 싶은 점을 썼다.

> 일기 독서감상문을 쓰면 오늘 읽은
> 책을 통해 자신의 생활을 반성하는
> 기회를 가질 수 있어요.

1. 오늘 어떤 책을 읽었나요?

_____

2. 책을 읽게 된 동기는 무엇인가요?

_____

3. 읽었던 책의 내용에 대해 떠오르는 생각을 마음껏 써 봅시다.

_____

_____

_____

4. 보기 와 같이 책의 내용 중 가장 인상 깊었던 내용, 떠오르는 생각이나 느낌을 써 봅시다.

보기 가장 인상 깊었던 내용	떠오르는 생각이나 느낌	가장 인상 깊었던 내용	떠오르는 생각이나 느낌
번개가 치는 것이 무서웠지만 함께 있었기 때문에 무서움을 극복하는 장면	서로 함께한다면 무서운 일이 있어도 견딜 수 있다.		

5. 책을 읽고 자신의 생활에서 반성할 점이 있다면 써 봅시다.

_____

_____

_____

1. 계획한 내용으로 일기 형식의 독서감상문을 써 봅시다.

1) 독서감상문을 다시 읽어 봅시다. 고칠 부분은 없나요?

2) 일기 독서감상문에 썼던 글감과 연관되는 다른 책을 떠올려 써 봅시다.

1. 〈아기 돼지 삼 형제〉를 읽고 그림을 그렸어요. 물음에 답해 봅시다.

1) 책을 읽고 어떤 그림을 그렸나요?

   ① 등장인물은 그리지 않고 배경만 그렸어요.

   ② 책을 읽고 가장 인상 깊은 장면을 떠올려 그렸어요.

   ③ 책에서 가장 그리기 어려운 장면을 따라 그렸어요.

   ④ 주인공만 크게 그렸어요.

책을 읽고 그림으로 표현할 때는, 가장 인상 깊었던 장면을 떠올려 그리는 것이 좋습니다. 인상 깊은 장면이 있지만 잘 떠오르지 않을 때에는 책에 있는 그림을 보고 그려도 좋습니다.

2) 나라면 〈아기 돼지 삼 형제〉를 읽고 어떤 장면을 그렸을지 생각해 그려 봅시다.

1. 승연이가 〈토끼전〉을 읽고 쓴 그림 독서감상문을 보고 물음에 답해 봅시다.

용궁으로 향할 때, 자라는 용왕님을 살릴 수 있다는 마음에 기뻐서 웃었고, 토끼는 용궁에서 있을 잔치를 상상하며 웃었다. 서로 다른 마음을 가지고 용궁으로 향하는 모습이 이 책에서 가장 인상 깊은 장면이었다.

1) 승연이는 이 장면이 왜 인상 깊다고 생각하고 그림을 그렸나요?

① 서로 다른 마음을 가지고 토끼와 자라가 웃고 있어서

② 토끼와 자라가 함께 바다에 있는 모습이 좋아서

③ 토끼가 용왕님에게 잡아먹힐까 봐 두려워하는 모습이 불쌍해서

④ 자라 등에 탄 토끼의 모습이 신기해서

2) 승연이가 생각한 토끼와 자라의 표정을 그려 봅시다.

책을 읽고 그림 독서감상문을 쓸 때 책에서 가장 인상 깊은 장면을 떠올리는 것이 중요해요.
그리고 그 장면의 분위기를 인물의 표정이나 색깔, 배경 등으로 나타낼 수 있어요.

1. 이런 책을 읽어요.

제목: 금메달은 내 거야!

글그림: 토어 프리먼   **옮긴이:** 이재원   **출판사:** 미래엔 아이세움

2. 책의 내용을 살펴봐요.

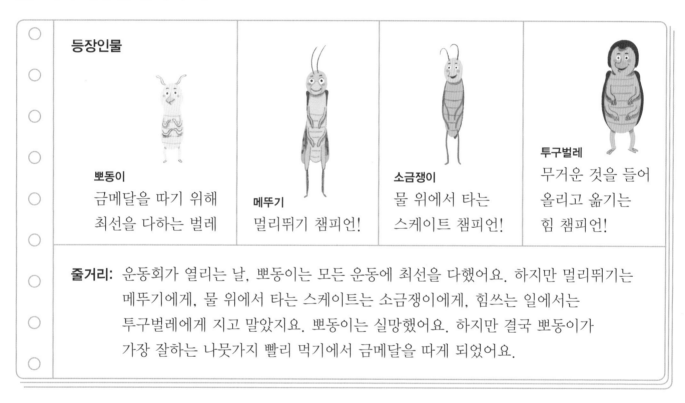

등장인물

뽀동이
금메달을 따기 위해 최선을 다하는 벌레

메뚜기
멀리뛰기 챔피언!

소금쟁이
물 위에서 타는 스케이트 챔피언!

투구벌레
무거운 것을 들어 올리고 옮기는 힘 챔피언!

줄거리: 운동회가 열리는 날, 뽀동이는 모든 운동에 최선을 다했어요. 하지만 멀리뛰기는 메뚜기에게, 물 위에서 타는 스케이트는 소금쟁이에게, 힘쓰는 일에서는 투구벌레에게 지고 말았지요. 뽀동이는 실망했어요. 하지만 결국 뽀동이가 가장 잘하는 나뭇가지 빨리 먹기에서 금메달을 따게 되었어요.

3. 친구들의 생각을 알아봐요.

나도 뭔가 잘할 수 있는 일이 있을까?

그럼. 누구나 남들보다 잘하는 것이 반드시 있어.

그래. 그 일에서 최선을 다하고 노력하면 좋은 결과가 있을 거야.

1. 〈금메달은 내 거야!〉를 읽고 쓴 그림 독서감상문을 보고 물음에 답해 봅시다.

뽀동이는 드디어 자신이 잘할 수 있는 것을 발견했다. 흰개미인 뽀동이는 어느 누구보다 나뭇가지를 빨리 먹을 수 있었다. 나도 다른 사람보다 무언가 하나는 더 잘할 수 있는 것이 있을 거다. 지치고 힘들어도 노력한다면 언젠가 웃는 날이 꼭 올 것이다.

1) 〈금메달은 내 거야!〉의 주제가 무엇인지 알맞은 그림을 골라 봅시다.

그림으로 독서감상문을 표현할 때도 책의 주제를 찾는 것이 중요해요.

2) 잘하는 것이 많은 것도 좋지만, 내가 무엇을 잘하는지 알고 있는 것은 더 중요해요. 여러분이 잘하는 것을 생각해 써 봅시다.

_____

_____

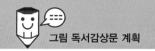

1. 어떤 책을 읽었나요?

_____

2. 책을 읽고 떠오르는 내용을 자유롭게 써 봅시다. 그리고 떠올린 내용 중에 가장 인상 깊은 것을 보기 처럼 ○표를 해 봅시다.

○	보기 달리기 금메달 연습 좌절 먹기 슬픔 (노래 부르기) (소금쟁이) (멀리뛰기) 천하장사 나뭇가지	_____

3. 보기 와 같이 가장 인상 깊었던 내용을 어떻게 그릴지 글로 써 봅시다.

보기 그림 내용	뽀동이가 좌절하고 한없이 먹고 있는 장면	그림 내용	
얼굴 표정	시무룩한 얼굴 표정	얼굴 표정	
배경	뽀동이 앞에 나뭇가지가 많이 있음. 친구들이 흥미롭게 보고 있음.	배경	
색깔	약간 어두운 색으로 뽀동이의 우울한 생각을 나타냄.	색깔	
쓸 내용	나도 먹는 것을 좋아해서 뽀동이가 이해된다.	쓸 내용	

1. 계획한 내용으로 그림 형식의 독서감상문을 써 봅시다.

1) 여러분이 그린 그림 중에 마음에 드는 부분은 어디인가요?

2) 책을 읽고 인상 깊었던 내용이 그림과 글에 잘 드러났나요?

1. 만화를 보고 물음에 답해 봅시다.

1) 만화의 특징으로 옳은 것을 골라 봅시다.

① 읽어야 할 글자가 많이 있다.

② 글에 담긴 내용을 마음속으로 상상할 수 있다.

③ 익살맞은 장면이나 특징이 그림에 나타난다.

④ 시간을 들여 읽어야 한다.

> 만화는 빨리 읽을 수 있고, 이야기의 특징을 살려 익살맞게 그려요.

2) ㉠에 들어갈 여자아이의 말로 적당한 것을 골라 봅시다.

① 배가 엄청 고픈가 보구니!

② 너는 왜 그렇게 못생겼니?

③ 나랑 같이 게임하지 않을래?

④ 안 돼, 나도 많이 못 먹었거든!

> 글은 읽으면서 상상할 수 있는 요소가 많이 있어요. 자신이 글을 읽고 상상한 내용을 만화로 특징 있게 표현할 수 있어요.

1. 〈나무꾼과 선녀〉를 읽고 보람이가 만화를 그렸어요. 만화 독서감상문을 보고 물음에 답해 봅시다.

　나무꾼은 착한 사람이다. 사슴이 도와 달라고 할 때 귀찮아하지 않고 도와주었으니까.
　나도 나무꾼처럼 도움을 청하는 사람이 있으면 꼭 도와주어야겠다. 사람들이 모두 다
　나무꾼처럼 남을 잘 돕는다면 살기 좋은 세상이 될 것 같다.

1) 보람이와 세민이가 대화를 나누고 있어요. 빈칸에 들어갈 세민이의 말로 알맞은 것을 골라 봅시다.

① 몇 글자를 써야 할지 정하는 게　　　　② 각 컷에 무엇을 그려 넣을지 생각하는 게

③ 색을 어떻게 칠할지 생각하는 게　　　　④ 색연필이 없어서

만화를 그릴 때 가장 어려운 점은 각 컷에 들어갈 내용을 구성하는 거예요.
각 컷을 읽고 만화의 내용이 이해가 되면 좋은 만화라고 할 수 있어요.

49

1. 이런 책을 읽어요.

제목: 꼴찌라도 괜찮아!

글: 유계영   **그림:** 김중석   **출판사:** 휴이넘

2. 책의 내용을 살펴봐요.

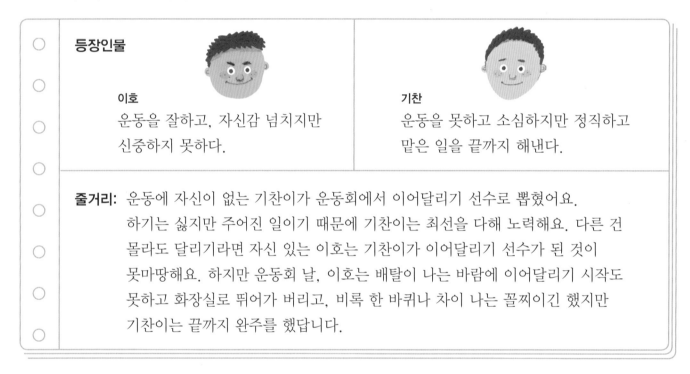

등장인물

이호
운동을 잘하고, 자신감 넘치지만 신중하지 못하다.

기찬
운동을 못하고 소심하지만 정직하고 맡은 일을 끝까지 해낸다.

줄거리: 운동에 자신이 없는 기찬이가 운동회에서 이어달리기 선수로 뽑혔어요. 하기는 싫지만 주어진 일이기 때문에 기찬이는 최선을 다해 노력해요. 다른 건 몰라도 달리기라면 자신 있는 이호는 기찬이가 이어달리기 선수가 된 것이 못마땅해요. 하지만 운동회 날, 이호는 배탈이 나는 바람에 이어달리기 시작도 못하고 화장실로 뛰어가 버리고, 비록 한 바퀴나 차이 나는 꼴찌이긴 했지만 기찬이는 끝까지 완주를 했답니다.

3. 친구들의 생각을 알아봐요.

친구들한테 안 좋은 소리를 들으면 기분이 나쁠 텐데, 기찬이는 어떻게 참았을까?

기찬이도 친구들 야유에 힘이 쪽 빠졌을 거야. 하지만 최선을 다하니까 모두들 응원해 주잖아.

그래. 언제나 자신감 없이 뒤로 숨는 것보다 꼴찌라도 최선을 다하는 모습을 보여 주면 누구도 뭐라고 못할 거야!

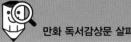

1. 〈꼴찌라도 괜찮아!〉를 읽고 쓴 만화 독서감상문을 보고 물음에 답해 봅시다.

> 기찬이는 자신이 꼴찌란 걸 알았지만 끝까지 뛰었고, 친구들은 그런 기찬이를 자랑스러워했다.
>
> 꼴찌라도 괜찮다. 마지막까지 최선을 다하는 모습을 보여 주는 것이 중요하다.

1) 〈꼴찌라도 괜찮아!〉의 어느 장면을 가장 인상 깊게 보았나요?

① 기찬이가 운동회에 나가기 싫어하는 모습

② 이호가 자기만 믿으라며 기찬이를 달래는 모습

③ 이호와 기찬이가 운동회 연습을 하며 서로 환하게 웃고 있는 모습

④ 기찬이가 꼴찌라도 운동장을 끝까지 뛰는 모습

> 만화 독서감상문을 쓸 때 책에서 가장 인상 깊은 장면을 만화로 구성하고, 자신의 생각을 더하면 훨씬 좋아요.

2) 만화 형식으로 독서감상문을 쓸 때 가장 중요한 것은 무엇일까요?

① 만화 그림을 세세하고 정확하게 그리는 것이 중요하다.

② 인상 깊었던 장면을 특징 있게 표현하는 것이 중요하다.

③ 반드시 네 컷 만화로 그리는 것이 중요하다.

④ 책에 나오는 인물, 사건, 배경 모두가 들어갈 수 있도록 그리는 것이 중요하다.

> 만화 독서감상문은 그림을 잘 그리는 것이 중요한 것이 아니라 인상 깊은 장면을 특징 있게 표현하는 것이 가장 중요해요.

51

1. 어떤 책을 읽었나요?

2. 보기 와 같이 책에서 가장 인상 깊은 장면을 간단하게 써 봅시다.

보기 인상 깊은 장면	이호가 자신 있게 뛰어다니며 기찬이에게 "거북이 친구! 나만 믿으라니까!"라고 외치는 장면	인상 깊은 장면	
이유	너무 자신만만하면 큰 코 다친다.	이유	
컷 구성	네 컷 구성	컷 구성	

3. 보기 와 같이 자신이 그리고자 하는 만화 내용을 컷별로 구성해 봅시다.

보기 ① 기찬이와 이호가 이어달리기 선수로 뽑힘. 기찬이는 울상이고 이호는 웃고 있음.	② 친구들이 모두 보는 앞에서 이호가 "얘들아! 이 형님만 믿어!"라고 외침.	①	②
③ 이호가 기찬이의 어깨에 손을 올려놓으며 "거북이 친구! 나만 믿으라니까!"라고 말함.	④ 운동회에서 기찬이와 이호는 함께 열심히 달리고, 이호는 기찬이에게 "미안해!"라며 사과함.	③	④

4. 만화를 그린 뒤에, 인상 깊은 장면에 대한 자신의 생각을 어떻게 쓸지 보기 와 같이 써 봅시다.

○ ○ ○	보기 이호는 운동은 잘하지만 잘난 체가 심하다. 언제나 겸손하고 다른 사람을 생각하는 마음이 필요하다.	

만화 독서감상문에서는 만화를 그린 뒤, 인상 깊은 장면에 대한 자신의 생각을 짤막하게 써 주면 좋습니다.

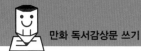
1. 계획한 내용으로 만화 형식의 독서감상문을 써 봅시다.

1) 인상 깊은 장면을 특징 있게 잘 표현했는지 살펴봅시다.

2) 만화 형식의 독서감상문을 쓸 때 어려운 점은 무엇이었나요?

1. 선희가 마인드맵을 만들었어요. 살펴보고 물음에 답해 봅시다.

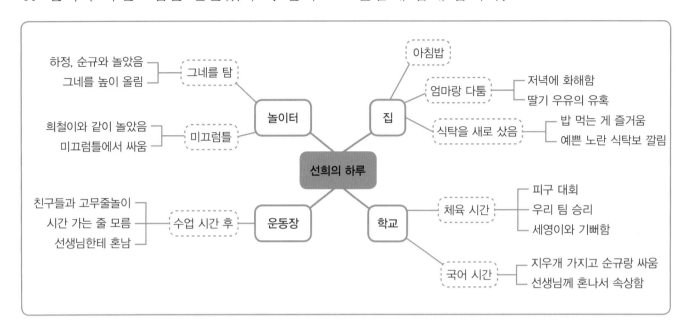

1) 선희는 마인드맵을 만들 때 어떤 기준으로 나누었는지 그림을 보고 알맞은 그림에 ○표를 해 봅시다.

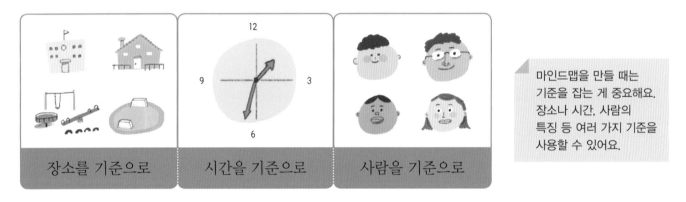

마인드맵을 만들 때는 기준을 잡는 게 중요해요. 장소나 시간, 사람의 특징 등 여러 가지 기준을 사용할 수 있어요.

2) 선희가 만든 마인드맵에 대한 질문을 보고 예, 아니오 중 알맞은 것을 골라 ○표를 해 봅시다.

마인드맵에 대한 질문	예	아니오
마인드맵을 작성하려면 많이 생각하지 않아도 된다.		
선희는 마인드맵을 통해 쓸 내용을 자유롭게 연상할 수 있다.		
선희는 마인드맵에 나온 내용을 이용해서 쓰기 글감을 찾을 수 있다.		

마인드맵을 통해 쓸 내용을 자유롭게 떠올릴 수 있고, 그중에서 쓰고자 하는 내용을 선택할 수 있습니다.

1. 세민이가 〈주몽 이야기〉를 읽고 마인드맵을 만들었어요. 마인드맵을 보고 물음에 답해 봅시다.

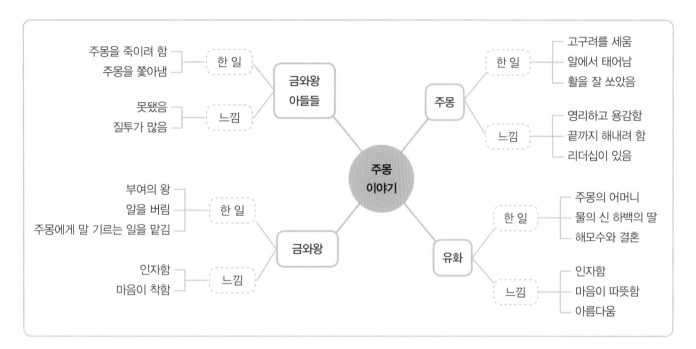

1) 세민이가 그린 마인드맵의 특징 중 옳지 <u>않은</u> 것을 골라 봅시다.

① 기준에 따라 정리하여 썼다.

② 〈주몽 이야기〉 책의 내용을 정리하기 위해 썼다.

③ 〈주몽 이야기〉에 나오는 인물별로 나누어 정리하였다.

④ 여기에서 더 이상 마인드맵을 늘릴 수 없다.

> 마인드맵은 기준에 따라 자유롭게 연상하는 대로 계속 연결할 수 있어요. 글감을 찾는 데 많은 도움이 돼요.

2) 세민이는 〈주몽 이야기〉를 마인드맵으로 정리하고 나서 이야기에 대한 자신의 생각을 썼어요. 빈칸에 알맞은 말을 써 봅시다.

> 주몽은 어려운 일을 수없이 겪었지만 고통과 고난을 이겨 내고, 마침내 ＿＿＿＿＿＿＿＿를 세웠다. 나도 주몽과 같이 힘든 일을 포기하지 않고 끝까지 해내려는 마음을 가져야겠다. 그러면 언젠가는 주몽처럼 뜻을 이루고 행복한 삶을 살 수 있을 것이다.

> 마인드맵으로 독서감상문을 쓸 때 마인드맵 안에 책에 대한 느낌이나 생각이 꼭 들어가야 해요. 마인드맵을 만든 뒤 주제에 대한 생각을 따로 정리해서 써도 좋아요.

1. 이런 책을 읽어요.

제목: 보물이 된 쓰레기

글: 임덕연   **그림:** 김병남   **출판사:** 휴이넘

2. 책의 내용을 살펴봐요.

등장인물

세라
생일 초대장을 만들 때 종이를
아끼지 않고 낭비해요.

엄마
생일 음식을 준비하려고 음식 재료를
너무 많이 사 왔어요.

줄거리: 세라의 생일이 얼마 남지 않았어요. 세라는 초대장을 준비하느라, 엄마는 음식을
준비하느라 바빠요. 생일 잔칫날, 많은 음식과 선물을 받고 세라는 기분이 좋아요.
잔치가 끝난 뒤 커다란 쓰레기 봉투 하나를 가득 채울 만큼 쓰레기를 버렸는데,
세라가 가장 받고 싶었던 귀고리가 없어진 거예요. 세라와 엄마는 쓰레기
하차장에서 귀고리를 찾기 위해, 아까 버린 쓰레기 봉투에서 쓰레기를 하나하나
분류하기 시작했어요. 분리수거를 할 수 있는 쓰레기를 빼고 나니 쓰레기 봉투가
한결 작아졌지요. 세라와 엄마는 분리수거가 중요하다는 걸 깨달았어요.

3. 친구들의 생각을 알아봐요.

일회용품을 많이
쓰는 건 안 좋아!

아껴 쓰고, 나눠 쓰고, 다시 쓰고
바꿔 쓰는 습관을 길러 보자.

지구가 아프면 우리도
살기가 힘들어질 거야.

1. 〈보물이 된 쓰레기〉를 읽고 쓴 마인드맵 독서감상문을 보고 물음에 답해 봅시다.

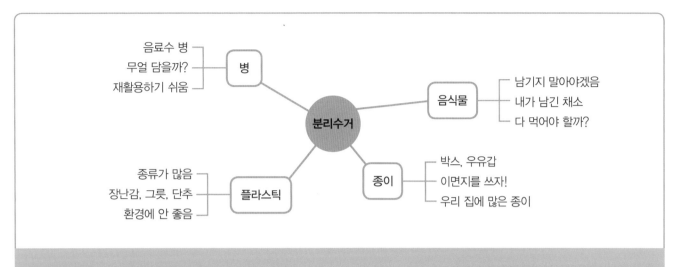

세상에는 버려야 할 쓰레기가 참 많다. 우리가 분리수거를 철저하게 잘하면 지구의 자원을 절약할 수 있다. 쓰레기 분리수거 방법을 정확하게 알고 깨끗한 지구를 만들기 위해 노력해야겠다.

1) 마인드맵을 나눈 기준은 무엇인지 올바른 그림을 골라 봅시다.

세라의 생일 상차림

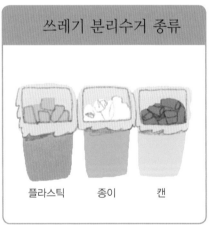
쓰레기 분리수거 종류

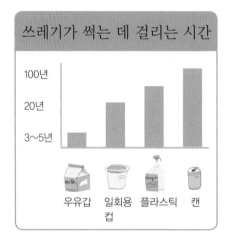
쓰레기가 썩는 데 걸리는 시간

마인드맵을 만들 때는 어떤 기준으로 작성할지 먼저 생각해야 합니다.

2) 〈보물이 된 쓰레기〉를 읽고 왜 마인드맵을 그렸는지 알맞은 답을 골라 봅시다.

① 음식을 조금만 먹기 위해서   ② 분리수거를 철저히 하기 위해서

③ 자신의 생일을 잘 챙기기 위해서   ④ 친구에게 고마움을 표현하기 위해서

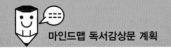
마인드맵 독서감상문 계획

1. 어떤 책을 읽었나요?

_____

2. 보기 와 같이 책을 읽고 떠오르는 생각이나 내용을 자유롭게 써 봅시다.

보기 **보물이 된 쓰레기**	
세라　　엄마　　케이크　　종이 초대장　　병　　쓰레기　　아빠 귀고리 잃어버림.　　분리수거를 함. 넘쳐 나는 쓰레기　　음식물 쓰레기 귀고리 찾느라 힘듦.	

3. 보기 와 같이 자유롭게 떠올린 내용을 자신의 기준대로 나눠 봅시다.

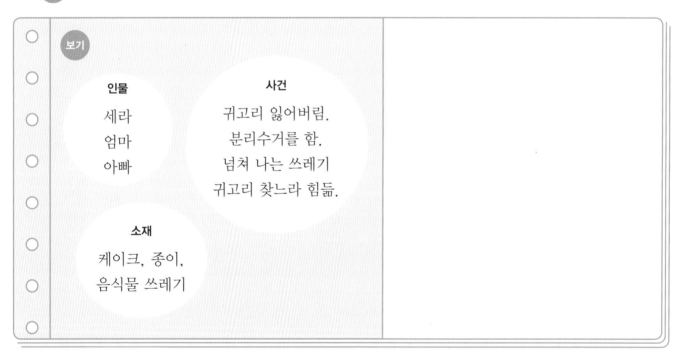

보기

인물
세라
엄마
아빠

사건
귀고리 잃어버림.
분리수거를 함.
넘쳐 나는 쓰레기
귀고리 찾느라 힘듦.

소재
케이크, 종이,
음식물 쓰레기

4. 마인드맵을 만들고 난 뒤, 어떤 주제로 글을 쓰고 싶은지 보기 처럼 써 봅시다.

보기

쓰레기 분리수거를 꼭 하자.

1. 계획한 내용으로 마인드맵 형식의 독서감상문을 써 봅시다.

1) 마인드맵 형식의 독서감상문을 다시 읽어 봅시다. 고칠 부분은 없나요?

_____

2) 또 다른 마인드맵을 만든다면 어떤 기준으로 만들 수 있을지 써 봅시다.

_____

1. 소희가 담임 선생님을 인터뷰했어요. 인터뷰 내용을 잘 읽고 물음에 답해 봅시다.

소희: 안녕하세요, 선생님. 저는 '교사'라는 직업에 대해 알고 싶어서 인터뷰를 요청하게 되었습니다. 선생님은 어느 초등학교에 계신가요?

선생님: 하하. 소희 양도 알다시피 소희가 있는 라라 초등학교에 있지요.

소희: 네. 교사는 몇 시 출근, 몇 시 퇴근인가요?

선생님: 학생들의 등교 시간보다 조금 이른 8시 30분에 출근해요. 그리고 퇴근은 학교마다 다른데 우리 학교는 오후 5시에 퇴근해요.

소희: 네. 그러면 교사를 하면서 가장 힘들 때는 언제인가요?

선생님: 학생을 가르치는 일 말고 다른 일들이 많을 때 가장 힘들지요.

소희: 그렇군요. 마지막으로 교사를 하면서 앞으로 어떤 계획을 갖고 계신가요?

선생님: 학생들이 책을 효과적으로 읽을 수 있게 국어 수업을 지도하고 싶어요.

소희: 네, 선생님. 인터뷰에 응해 주셔서 정말 감사합니다.

1) 소희의 인터뷰 목적으로 알맞은 것을 골라 봅시다.

① 교사라는 직업이 무엇인지 알기 위해서 인터뷰했다.

② 반 학생들이 가진 성격을 알기 위해서 인터뷰했다.

③ 교장 선생님이 무슨 일을 하시는지 알기 위해서 인터뷰했다.

④ 선생님의 취미가 무엇인지 알기 위해서 인터뷰했다.

> 인터뷰를 하기 위해서는 인터뷰 목적을 설정하는 것이 중요해요. 그 목적에 따라 구체적인 질문을 계획해야 해요.

2) 인터뷰를 준비할 때 가장 중요한 것은 무엇인지 골라 봅시다.

① 대상자에게 잘 보이기 위해 예쁘게 꾸미고 가는 것이 중요해요.

② 대상자에게 물어볼 구체적인 질문 계획을 만드는 것이 중요해요.

③ 대상자의 마음에 드는 선물을 준비해 가는 것이 중요해요.

> 인터뷰에서 가장 중요한 것은 인터뷰 대상자에게 구체적으로 질문할 계획을 짜는 거예요. 질문 계획을 안 짜면 인터뷰의 목적을 이루지 못하고, 필요 없는 얘기로 시간을 낭비할 수도 있습니다.

1. 〈도깨비 잔치〉를 읽고 쓴 인터뷰 독서감상문을 보고 물음에 답해 봅시다.

우뚝이를 만나서

 안녕, 우뚝아! 오늘은 책에 나오는 너의 상황에 대해 더 궁금한 점을 인터뷰하려고 해.
먼저, 우뚝이 너는 왜 집을 새로 지으려고 했니?

 하루는 집에 어머니와 둘이 있는데 폭풍우가 쳐서 집이 다 날아가 버렸지 뭐야.
어머니께서 편히 계시려면 집이 있어야 해서 새로 짓기로 했어.

 그렇구나. 집을 지을 재료를 구하러 다니면서 도깨비를 만났을 때 기분이 어땠어?

 도깨비를 만났을 땐 정말 깜짝 놀랐어. 나도 도깨비는 처음 봤으니까.
그런데 내 일을 도와주니까 고맙더라고.

 그럼 앞으로는 도깨비들과 어떻게 지낼 생각이니?

 도깨비들은 우리 어머니와 내가 살 집을 마련해 주었으니까
도깨비들이 나를 도와준 것처럼 나도 도깨비들을 많이 도와주고 싶어.

1) 인터뷰 질문을 어떻게 구성했는지 알맞은 것을 선으로 이어 봅시다.

우뚝이 너는 왜 집을 새로 지으려고 했니?	앞으로의 계획이나 당부에 대한 질문
집을 지을 재료를 구하러 다니면서 도깨비를 만났을 때 기분이 어땠어?	구체적인 사실에 대한 질문
앞으로는 도깨비들과 어떻게 지낼 생각이니?	생각이나 느낌에 대한 질문

> 인터뷰를 할 때는 구체적인 사실에 대한 질문, 생각이나 느낌에 대한 질문, 앞으로의 계획이나 당부에 대한 질문 순서로 물어보면 훨씬 더 많은 것을 알 수 있어요.

1. 이런 책을 읽어요.

제목: 우아, 똥이 나왔어요

글·그림: 사토 마모루

옮긴이: 신은주   **출판사:** 미래엔 아이세움

2. 책의 내용을 살펴봐요.

입	식도	위	작은창자	큰창자
음식을 맛보고 골고루 섞음.	음식물이 지나가는 길	위액을 내뿜어 음식물을 죽처럼 만듦.	소화된 음식물을 받아들이는 장	음식물에 남아 있는 영양분을 흡수하는 장

방귀	똥
큰창자에서 소화, 흡수가 끝나고 나오는 냄새나는 물질	남은 음식물 찌꺼기와 우리 몸에 필요 없는 것들이 모여서 몸 밖으로 나오는 물질

3. 친구들의 생각을 알아봐요.

우리 몸에서 똥이 어떻게 만들어지는지 이 책을 통해 잘 살펴볼 수 있었어.

똥은 냄새나고 더럽지만 우리 몸에서 굉장히 중요한 역할을 하고 있어.

앞으로는 음식을 먹을 때 편식하지 않고 골고루 꼭꼭 씹어 먹어야겠어.

1. 〈우아, 똥이 나왔어요〉를 읽고 쓴 인터뷰 독서감상문을 보고 물음에 답해 봅시다.

> 똥은 중요해!
>
> **동민:** 안녕하세요, 박사님. 오늘은 박사님께 똥에 대한 여러 가지 질문을 드리겠습니다.
>
> **똥 박사님:** 네. 똥은 우리 몸에서 중요한 역할을 하고 있지요. 무엇이든 물어보세요.
>
> **동민:** 감사합니다. 우선, 똥이 무엇으로 이루어져 있는지 알고 싶습니다.
>
> **똥 박사님:** 똥은 우리가 먹은 음식물 가운데 우리 몸에 흡수된 것을 빼고 남은 물질이에요.
> 먹은 것에 따라 그 내용이 달라지지만 70퍼센트 정도는 물로 이루어져 있지요.
>
> **동민:** 참 신기하네요. 똥에 대해 연구할 때 박사님께서는 언제 가장 보람을 느끼시나요?
>
> **똥 박사님:** ［　　　　　㉠　　　　　］
>
> **동민:** 네. 저도 충분히 그럴 것 같습니다. 마지막으로 박사님께서
> 어린이들에게 당부하고 싶은 말씀이 있다면 무엇일까요?
>
> **똥 박사님:** 오줌 누거나 똥 눌 때 우리는 정말 시원하고 행복하지 않습니까?
> 먹는 것만큼이나 몸속에 있는 내용물을 비우는 것도
> 굉장히 중요하다는 사실을 잊지 마세요.

1) 동민이가 똥 박사님과 인터뷰하기 위해 인터뷰 목적을 세우고, 가장 먼저 해야 할 일은 무엇인지 골라 봅시다.

　① 책을 보고 '똥'에 대해 조사한다.

　② 인터뷰할 장소를 알아본다.

　③ 인터뷰를 녹음하기 위한 녹음기나 캠코더를 준비한다.

> 질문을 하려면 대상에 대하여 잘 알아야 해요. 책을 보거나 인터넷을 찾아 대상에 대해 조사하는 것은 가장 먼저 해야 할 중요한 일이에요.

2) ㉠에서 똥 박사님이 어떤 대답을 할지 생각해 써 봅시다.

> 질문을 만들면서 그 질문에 대한 답을 떠올려 보세요. 훨씬 좋은 질문을 만들 수 있어요.

1. 어떤 책을 읽었나요?

_____

2. 보기 와 같이 책을 읽고 인터뷰하고 싶은 인물, 목적, 시각과 장소를 써 봅시다.

보기	인물	치과 의사		인물	
	목적	이가 하는 일을 알기 위해		목적	
	시각	오전		시각	
	장소	병원 안		장소	

3. 보기 와 같이 인터뷰할 대상에 대한 질문 계획을 써 봅시다.

구체적인 사실에 대한 질문	구체적인 사실에 대한 질문
보기 ① 이는 모두 몇 개입니까?	
② 이는 각각 무슨 역할을 합니까?	
③ 이가 없으면 불편한 점은 무엇입니까?	

생각이나 느낌에 대한 질문	생각이나 느낌에 대한 질문
① 이를 닦기 싫어하는 어린이를 보면 어떤 기분이 듭니까?	
② 이를 소중히 다루면 어떤 생각이 듭니까?	

앞으로의 계획이나 당부에 대한 질문	앞으로의 계획이나 당부에 대한 질문
① 이를 잘 관리하기 위해 어린이들이 해야 할 일은 무엇이 있습니까?	
② 어린이들에게 부탁하고 싶은 말이 있다면?	

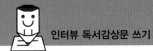

1. 계획한 내용으로 인터뷰 형식의 독서감상문을 써 봅시다.

1) 인터뷰 질문 계획에 따라 인터뷰를 잘했는지 살펴봅시다. 빠진 부분은 없나요?

2) 인터뷰 질문에 대한 답을 적절하게 잘 썼는지 살펴봅시다.

1. 원실이는 학교에서 상장을 받았어요. 상장 내용을 잘 읽고 물음에 답해 봅시다.

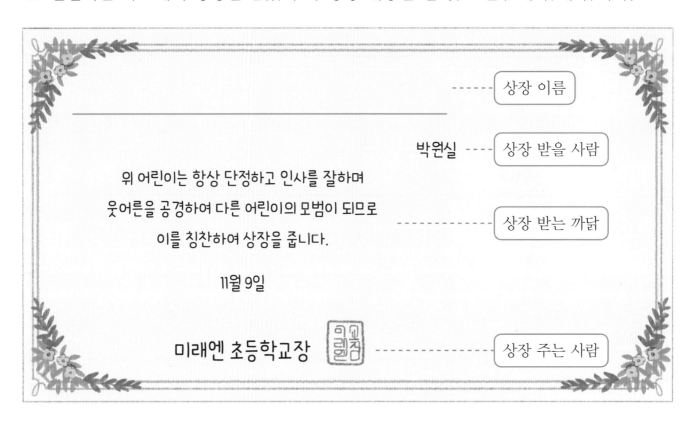

1) 원실이가 상장을 받은 까닭은 무엇인지 알맞은 그림에 ○표를 해 봅시다.

> 상장을 만들 때는 상장을 받는 까닭이 가장 중요합니다.
> 아무 이유 없이 상장을 주는 일은 없겠지요?

2) 상장의 빈칸에 알맞은 상장의 이름을 지어 써 봅시다.

> 상장의 이름은 상장을 받는 까닭을 중심으로 지어야 해요.
> 좋은 이름을 지을수록 상장을 받는 사람의 기분이 좋아집니다.

1. 〈신기한 그림 족자〉를 읽고 쓴 상장 독서감상문을 보고 물음에 답해 봅시다.

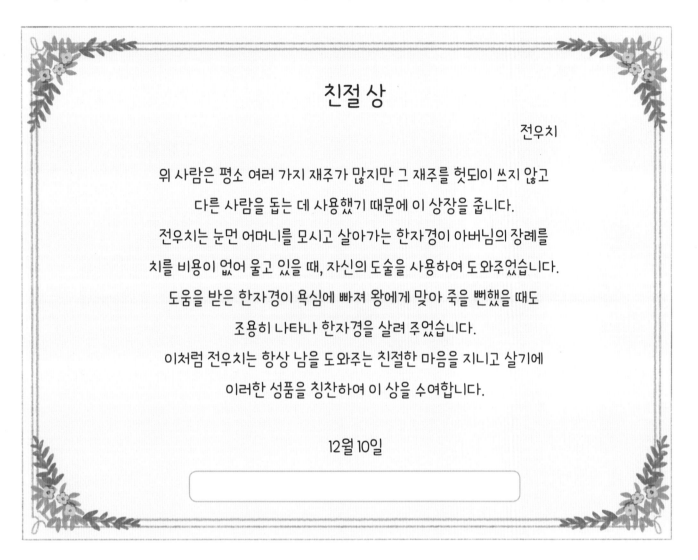

친절 상

전우치

위 사람은 평소 여러 가지 재주가 많지만 그 재주를 헛되이 쓰지 않고
다른 사람을 돕는 데 사용했기 때문에 이 상장을 줍니다.
전우치는 눈먼 어머니를 모시고 살아가는 한자경이 아버님의 장례를
치를 비용이 없어 울고 있을 때, 자신의 도술을 사용하여 도와주었습니다.
도움을 받은 한자경이 욕심에 빠져 왕에게 맞아 죽을 뻔했을 때도
조용히 나타나 한자경을 살려 주었습니다.
이처럼 전우치는 항상 남을 도와주는 친절한 마음을 지니고 살기에
이러한 성품을 칭찬하여 이 상을 수여합니다.

12월 10일

1) 〈신기한 그림 족자〉에 나오는 전우치의 어떤 점을 칭찬하고 싶었는지 써 봅시다.

_____

2) 상장에 있는 빈칸에 들어갈 알맞은 내용을 찾아 ○표를 해 봅시다.

| 미래 초등학교장 | 전우치를 칭찬하며 | 비 오는 날 |

상장에는 꼭 써야 할 요소들이 있어요. 상장의 이름, 상장을 받는 사람,
상장을 받는 까닭, 그리고 상장을 주는 사람이 반드시 들어가야 합니다.

1. 이런 책을 읽어요.

제목: 방귀 만세   **글·그림:** 후쿠다 이와오

옮긴이: 김난주   **출판사:** 미래엔 아이세움

2. 책의 내용을 살펴봐요.

등장인물

테츠오
요코를 몰래 좋아하는 장난기 많은 남자아이

요코
실수로 방귀를 뀌었지만 다소곳하고 공부도 잘하는 여자아이

선생님
어떤 일이든 아이들과 함께 이야기하며 풀어 나가는 자상한 선생님

줄거리: 교실 안에 갑자기 방귀 소리가 들렸어요. 테츠오는 얼굴이 빨개진 요코가 방귀를 뀌었다며 놀리고, 요코는 고개를 푹 숙이고 울어 버리지요. 선생님은 방귀를 뀌는 것은 자연스러운 현상이라며 방귀의 중요성에 대해 재미있는 이야기를 해 주고, 속상했던 요코는 고개를 들고 살짝 웃음을 지었어요.

3. 친구들의 생각을 알아봐요.

나는 진짜 멋진 사람들은 방귀를 안 뀌는 줄 알았어.

그런 게 어딨어? 누구나 뀌는 게 방귀지. 방귀를 뀌었다고 창피해할 필요 없어.

너무 많은 사람들이 있는 곳에서는 냄새가 나니까 조심하는 게 좋지.

1. 〈방귀 만세〉를 읽고 쓴 상장 독서감상문을 보고 물음에 답해 봅시다.

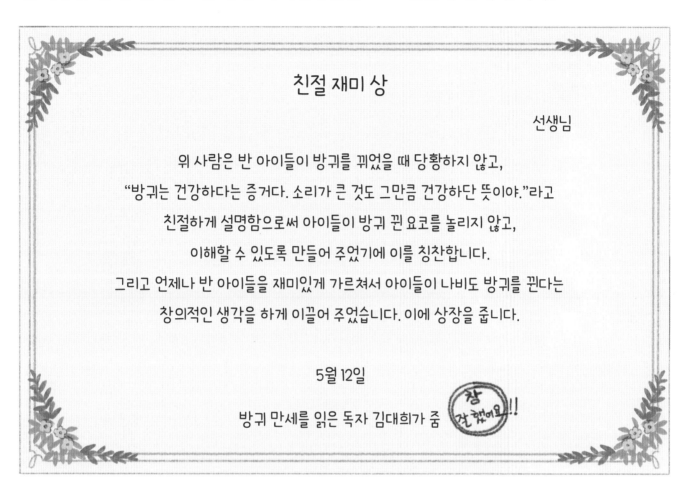

1) 대희가 선생님께 상장을 주는 까닭이 무엇인지 알맞은 그림을 <u>모두</u> 찾아 ○표를 해 봅시다.

2) 대희는 상장의 이름을 '친절 재미 상'이라고 지었어요. 나라면 어떤 이름을 지었을지 생각해 써 봅시다.

상장 이름은 상장을 주는 까닭과 연관되는 제목으로 짓는 것이 중요해요.

1. 어떤 책에 나오는 인물이나 대상에게 상장을 주고 싶은지 써 봅시다.

책 제목	
상장을 주고 싶은 인물이나 대상	

2. 보기 와 같이 상장을 주고 싶은 인물이나 대상이 한 일을 자유롭게 써 봅시다.

보기   〈방귀 만세〉의 테츠오

- 활달하다.
- 요코를 울렸지만 요코에게 계속 신경이 쓰인다.
- 장난이 심하다.
- 요코가 웃으면 기분이 좋아진다.
- 나비가 방귀 뀐다고 해서 요코를 웃긴다.
- 좋은 시를 썼다.

3. 보기 와 같이 상장을 주고 싶은 인물이나 대상이 상장을 받는 까닭을 써 봅시다.

보기   테츠오가 상장을 받는 까닭

① 요코를 많이 생각한다.

② 재미있는 학생이다.

③ 나비도 방귀를 뀐다며 즐거운 상상을 많이 한다.

1. 계획한 내용으로 상장 형식의 독서감상문을 써 봅시다.

1) 상장에 꼭 넣어야 할 요소들을 모두 갖추고 있는지 살펴봅시다.

_____

2) 상장의 새로운 제목을 생각해 써 봅시다.

책의 종류에 따른 독서감상문 쓰기

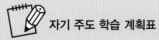 **자기 주도 학습 계획표**

학습일	쪽	학습 내용	공부한 날	확인
1일차	74~75	창작동화 책 특징 알기	/	
2일차	76~77	창작동화 책 독서감상문 특징 알기	/	
3일차	78~79	소개한 창작동화 책을 읽고 쓴 독서감상문 살펴보기	/	
4일차	80~81	창작동화 책 독서감상문 계획하고 써 보기	/	
5일차	82~83	옛이야기 책 특징 알기	/	
6일차	84~85	옛이야기 책 독서감상문 특징 알기	/	
7일차	86~87	소개한 옛이야기 책을 읽고 쓴 독서감상문 살펴보기	/	
8일차	88~89	옛이야기 책 독서감상문 계획하고 써 보기	/	
9일차	90~91	인물 이야기 책 특징 알기	/	
10일차	92~93	인물 이야기 책 독서감상문 특징 알기	/	
11일차	94~95	소개한 인물 이야기 책을 읽고 쓴 독서감상문 살펴보기	/	
12일차	96~97	인물 이야기 책 독서감상문 계획하고 써 보기	/	
13일차	98~99	사회문화 책 특징 알기	/	
14일차	100~101	사회문화 책 독서감상문 특징 알기	/	
15일차	102~103	소개한 사회문화 책을 읽고 쓴 독서감상문 살펴보기	/	
16일차	104~105	사회문화 책 독서감상문 계획하고 써 보기	/	
17일차	106~107	과학 책 특징 알기	/	
18일차	108~109	과학 책 독서감상문 특징 알기	/	
19일차	110~111	소개한 과학 책을 읽고 쓴 독서감상문 살펴보기	/	
20일차	112~113	과학 책 독서감상문 계획하고 써 보기	/	
21일차	114~115	예술 책 특징 알기	/	
22일차	116~117	예술 책 독서감상문 특징 알기	/	
23일차	118~119	소개한 예술 책을 읽고 쓴 독서감상문 살펴보기	/	
24일차	120~121	예술 책 독서감상문 계획하고 써 보기	/	
25일차	122	읽고 싶은 책을 읽고 자유롭게 독서감상문 써 보기	/	

1. 다음 글을 읽고 물음에 답해 봅시다.

> **특별한 책**
>
> "나는 책이에요. 세상에 있는 거의 모든 지식을 담고 있답니다."
>
> 책은 아이들이 날마다 자기를 찾아 주고, 책장에 코를 박고 읽어 주기를
> 바랐어요. 어느 날 그 꿈이 이루어졌어요. 여자아이는 책을 어디든 들고
> 다녔어요. 책은 아이가 세상에서 자기를 가장 좋아할 거라고 생각했지요.
> 하지만 아이가 정말 좋아하는 게 또 있었어요. 바로 강아지 '에그 크림'이었지요.
> 하지만 책은 지저분하고 축축한 강아지가 정말 싫었어요. 그러던 어느 날, 강아지 때문에 책은
> 진흙을 뒤집어쓰고 말았어요. 이제 아이가 자기를 읽지 않을 거라는 생각에 책은 슬펐어요.
> 그런데 아이의 표정은 밝았어요. 짜잔, 아이는 책을 위해서 멋진 새 옷을 만들어 주었답니다.

1) 위 창작동화에 나오는 주인공 책이 좋아하는 행동을 찾아 ○표를 해 봅시다.

> 창작동화를 읽을 때에는 나오는 인물이 누구인지, 무엇을 하는지 파악하며 읽어요.

2) 동화의 주제가 무엇인지 알맞은 것을 골라 봅시다.

① 여러 가지 책의 종류를 잘 가려서 읽어야 한다.

② 어린이는 책을 많이 사야 한다.

③ 책은 말을 할 수 있다.

④ 책을 소중히 여기고 많이 읽어야 한다.

> 창작동화를 읽을 때에는 주제를 파악하는 것이 가장 중요해요.
> 작가가 말하고자 하는 것이 무엇인지 생각해 보세요.

2. 다음 글을 읽고 물음에 답해 봅시다.

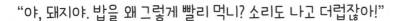

돼지와 토끼

돼지와 토끼가 밥을 먹어요. 토끼는 조금조금 냠냠 먹고,

돼지는 우걱우걱 꺽꺽 먹고 있어요.

"야, 돼지야. 밥을 왜 그렇게 빨리 먹니? 소리도 나고 더럽잖아!"

"친구한테 좀 친절하게 이야기할 수 없어? 네 말을 들으니 기분이 정말 안 좋아."

돼지가 토끼에게 말했어요. 돼지와 토끼는 서로 기분이 나빴지만 꾹 참고 밥을 먹었어요.

갑자기 돼지가 꺽꺽 먹다가 손을 허우적대며 컥컥거렸어요.

"돼지야! 괜찮아? 무슨 일이야?" "목에… 음식이… 걸렸어…."

토끼는 얼른 돼지의 등을 두드려 주었어요. 돼지의 목에 걸린 음식이 툭 튀어나왔어요.

"토끼야, 고마워. 앞으로는 천천히 먹을게." "그래. 나도 앞으로 친절하게 말할게."

돼지와 토끼가 밝게 웃었어요.

1) 돼지와 토끼가 서로에게 기분이 나쁜 이유를 찾아 선으로 이어 봅시다.

 •

 •

• 밥을 예의 없이 빨리 먹음.

• 친구에게 말을 밉게 함.

2) 돼지와 토끼의 태도를 변하게 만든 사건으로 바른 것에 ○표를 해 봅시다.

조용히 먹으면 좋겠어.

창작동화에는 의미 있는 변화가 나타나는 부분이 있어요. 동화를 읽을 때 그렇게 만든 사건을 주의 깊게 읽어야 해요.

1. 〈우리 아빠가 좋은 10가지 이유〉를 읽고 쓴 독서감상문을 잘 보고 물음에 답해 봅시다.

> **아빠가 최고!**
>
> 엄마한테는 비밀이지만, 나는 세상에서 우리 아빠를 가장 좋아한다. 아빠가 좋은 이유를 말하라면 10가지도 더 넘게 말할 수 있다. 책 속의 아이도 나처럼 아빠를 정말 좋아한다. 아빠가 장난꾸러기라서 나랑 같이 장난칠 수 있어서 좋고, 엄마한테 혼이 나면 내 편을 들어 주어서 좋고, 고치기 대장이라서 좋다고 한다. 또 아빠가 멋있는 데다 잘 놀아 주고, 키가 크고 용감하고, 돈도 많이 벌어 와서 아빠가 좋다고 한다. 나도 우리 아빠가 좋은 이유가
>
> 책 속의 아이와 비슷하다. 그중에서도 내가 우리 아빠를 가장 좋아하는 이유는 회사에서 돌아오면 피곤해하시지만 그래도 나랑 잘 놀아 주시기 때문이다. 나는 아빠랑 함께 놀 때가 세상에서 가장 재미있고 즐겁다. 책을 보고 나니 나도 우리 아빠가 좋은 이유를 써 보아야겠다는 생각이 들었다. 그리고 그걸 아빠한테 보여 드리면 좋아하실 것 같다.

1) 위 독서감상문을 읽고 창작동화의 주제를 골라 봅시다.

　① 아빠는 회사에서 돌아오면 피곤해하신다.

　② 아빠가 정말 정말 좋다.

　③ 아빠가 돈을 많이 벌어 왔으면 좋겠다.

　④ 나는 엄마한테 비밀이 많다.

> 창작동화를 읽고 독서감상문을 쓸 때 가장 중요한 것은 동화의 주제를 파악하는 것이에요.

2) 위 창작동화에 나오는 인물의 성격으로 바른 것을 찾아 선으로 이어 봅시다.

 •

 •

　• 아이를 무척 사랑하고 잘 놀아 준다.

　• 아빠의 사랑을 잘 알고 행복해하는 아이다.

> 창작동화를 읽고 독서감상문을 쓸 때에는 등장인물의 성격을 파악하고 독서감상문을 써야 해요. 등장인물은 이야기의 많은 것을 설명해 주기 때문입니다.

2. 근아가 〈앗, 깜깜해〉라는 창작동화를 읽고 일기 독서감상문을 썼어요. 잘 읽고 물음에 답해 봅시다.

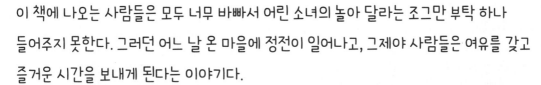

> 12월 5일 화요일 날씨: 춥지만 햇살은 쨍쨍
>
> 제목: 항상 바쁜 우리
>
> 선생님께서 국어 수업 시간에 〈앗, 깜깜해〉라는 책을
> 추천해 주셨다. 이 책을 읽으니 느낀 점이 많았다.
> 이 책에 나오는 사람들은 모두 너무 바빠서 어린 소녀의 놀아 달라는 조그만 부탁 하나
> 들어주지 못한다. 그러던 어느 날 온 마을에 정전이 일어나고, 그제야 사람들은 여유를 갖고
> 즐거운 시간을 보내게 된다는 이야기다.
> 나도 오늘 숙제를 하느라 너무 바빠서 동생이 도와 달라고 한 부탁도 못 들어주고, 오히려
> 짜증을 냈다. 마을 사람들이 마음의 여유가 중요하다는 것을 알게 된 것처럼 나도 아무리
> 바빠도 짜증 내지 말아야겠다고 생각했다.

1) 근아는 일기 독서감상문에서 무엇을 반성하고 있는지 알맞은 것을 골라 봅시다.

① 〈앗, 깜깜해〉 책을 안 읽고 놔둔 것을 반성한다.

② 바쁘다고 마음의 여유 없이 짜증 낸 것을 반성한다.

③ 조용하게 지내지 않고 너무 시끄럽게 한 것을 반성한다.

④ 숙제를 계속 미룬 것을 반성한다.

2) 위 독서감상문을 읽고 책에서 일어난 중요한 사건은 무엇인지 골라 봅시다.

① 즐겁게 놀다가 정전이 되어 놀지 못하게 된 사건

② 불을 끄고 아무것도 안 보여서 서로가 계속 부딪히는 사건

③ 어린 소녀가 가족들에게 놀아 달라고 하지만 바빠서 아무도 놀아 주지 못한 사건

④ 불이 꺼졌을 때 여러 사람들이 난동을 부린 사건

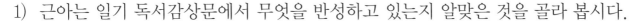

> 창작동화를 읽고 독서감상문을 쓸 때, 등장인물에게 의미 있는 변화를 가져다준 사건을 중심으로 써 나가면 좋은 독서감상문을 쓸 수 있어요.

1. 이런 책을 읽어요.

제목: 거짓말은 무거워!

글: 유계영·지경화   그림: 윤희동   출판사: 휴이넘

2. 책의 내용을 살펴봐요.

등장인물

세라
전학을 와서 친구들의
관심을 얻으려고
거짓말을 했지만
마음이 편치 않다.

민지
세라의 거짓말에 혹하지
않고 세라 자체를 좋아하고
친하게 지낸다.

여러 친구들
세라의 거짓말에 흥분하고
즐거워했지만 사실을 알고
화를 낸다.

줄거리: 세라는 새 학교로 전학을 왔어요. 낯선 학교에서 친구들에게 관심을 못 받을까 봐 거짓말을 하기 시작해요. 친구들이 세라네 집에 가서 놀고 싶어 하지만 세라는 거짓말이 들킬까 봐 조마조마해요. 결국 세라는 거짓말이라는 것을 밝히지만 오히려 마음이 편해지고 민지와 더 친해지게 되었어요.

3. 친구들의 생각을 알아봐요.

거짓말을 하면 정말
마음이 조마조마해.

거짓말은 한 번 하면
계속하게 돼.
정말 조심해야 해.

거짓말의 안 좋은
점을 깨닫게 되어서
다행이야.

1. 〈거짓말은 무거워!〉를 읽고 독서감상문을 썼어요. 잘 읽고 물음에 답해 봅시다.

> 거짓말은 진짜 무서워!
>
> 오늘 친구들과 함께 집 앞에서 고무줄놀이를 했다. 하다 보니 고무줄놀이에 푹 빠져서 피아노
> 학원에 가기 싫었다. 그때 밖으로 나온 엄마가 피아노 학원에 다녀왔냐고 물어보셨는데, 나도
> 모르게 그만 갔다 왔다고 거짓말을 해 버렸다. 그때부터 고무줄놀이가 하나도 재미없었다.
> 거짓말한 걸 들키면 어쩌지? 혼나면 어쩌지? 하는 생각에 아무것도 하기가 싫었다.
> 세라도 나와 같은 마음이었을 것이다. 세라는 단순히 친구들과 친해지고 싶었을 뿐이었지만
> 거짓말을 할수록 점점 더 큰 거짓말을 해야 해서 괴로웠을 것 같다. 거짓말을 하면
> 그 순간은 잘 넘어갈 수 있지만 시간이 지나면 들통이 나게 마련이다.
> 들통이 날까 봐 불안하고 초조하고 무서워지기까지 한다.
> 앞으로는 절대 거짓말을 하지 않고, 정직하게 지내야겠다.
> 거짓말은 정말 정말 무섭다!

1) 〈거짓말은 무거워!〉를 읽고 글쓴이가 생각한 주제가 드러난 문장을 독서감상문에서 찾아 밑줄을 그어 봅시다.

2) 여러분은 거짓말과 관련한 어떤 경험이 있는지 아래 빈칸에 써 봅시다.

내가 했던 거짓말	거짓말했을 때 나의 마음	앞으로의 나의 다짐

창작동화를 읽고 독서감상문을 쓸 때 자신의 경험과 연결 지으면 좋은 독서감상문을 쓸 수 있어요.

1. 어떤 창작동화를 읽었나요?

_____

2. 창작동화의 주요 사건이나 주제와 관련하여 생각나는 모든 것을 써 봅시다.

3. 2에서 쓴 것 가운데 한 가지를 선택해서 표에 정리하여 봅시다.

내가 겪었던 사건	그때 나의 마음	앞으로의 나의 다짐

4. 3에서 정리한 내용과 관련하여 자신이 읽은 책의 어떤 장면이 떠오르는지 보기 처럼 정리하여 봅시다.

보기		
제목	거짓말은 무거워!	
인물	세라, 민지	
사건	거짓말한 것을 사과하는 장면	
배경	친구들이 모두 모여서 세라를 보고 있는 상황	
인물의 생각이나 마음	세라는 부끄럽고 창피했고, 민지는 세라를 위로해 주고 싶었다.	

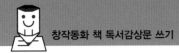

1. 계획한 내용으로 독서감상문을 써 봅시다.

1) 창작동화의 주제가 무엇인지 명확하게 드러났는지 다시 읽어 봅시다.

2) 등장인물과 나의 일을 연관 지어 독서감상문을 썼는지 다시 읽어 봅시다.

1. 다음 글을 읽고 물음에 답해 봅시다.

끝없는 이야기

옛날에 이야기 듣기를 좋아하는 부자 영감이 살고 있었어요.

어느 날 영감은 자기가 싫다고 할 때까지 이야기를 들려주는

사람에게 재산의 절반을 주겠다고 하고 동네방네 소문을 냈어요.

그 소식을 듣고 한 사람이 할아버지를 찾아왔어요. 그리고 이야기를 시작했지요.

"제가 사는 마을에 기름진 땅 수천 평에 왕골을 심어서 겨우내 자리를 짜는 사람이 있습니다."

"그래서?" "그 자리를 짤 적에 하나 넣고 짤그당합니다." "그래서?" "또 하나 넣고

짤그당합니다." "그래서?" "또 하나 넣고 짤그당합니다." 이야기하러 온 사람은 이 말만

밤새도록 하고 또 했어요. 영감은 졸립고 지루해하다가 결국 재산의 절반을 주고 말았답니다.

1) 위의 옛이야기가 주는 교훈은 '슬기와 재치로 삶을 헤쳐 나가는 것이 중요하다.'는 것입니다. 이 이야기와 비슷한 교훈을 주는 옛이야기를 찾아 ○표를 해 봅시다.

심청전 흥부와 놀부 토끼전

> 옛이야기에는 읽는 사람에게 주는 교훈이 담겨 있어요. 효, 우정, 의지, 용기, 지혜 등 많은 것을 담고 있답니다.

2) 위 이야기를 시간에 따라 정리해 보았어요. 가운데 들어갈 내용을 골라 봅시다.

| 부자 영감이 이야기 잘하는 사람에게 재산의 절반을 주겠다고 함. | |  | 영감이 그만하라며 재산 절반을 가져가라고 함. |

① 한 사람이 자리를 짜고 있음.

② 한 사람이 영감에게 끝없이 이야기를 하고 있음.

③ 한 사람이 밤새도록 노래를 부르고 있음.

> 옛이야기는 시간 순서에 따른 이야기의 흐름을 파악하는 것이 중요해요.

2. 다음 글을 읽고 물음에 답해 봅시다.

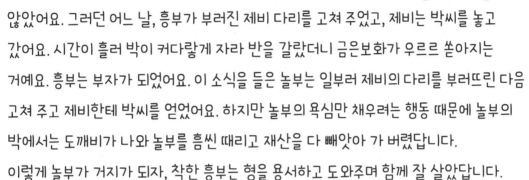

흥부와 놀부

옛날 옛날, 흥부와 놀부가 살았어요. 형 놀부는 부자였고,
동생 흥부는 가난했지만, 형은 동생을 조금도 도와주지
않았어요. 그러던 어느 날, 흥부가 부러진 제비 다리를 고쳐 주었고, 제비는 박씨를 놓고
갔어요. 시간이 흘러 박이 커다랗게 자라 반을 갈랐더니 금은보화가 우르르 쏟아지는
거예요. 흥부는 부자가 되었어요. 이 소식을 들은 놀부는 일부러 제비의 다리를 부러뜨린 다음
고쳐 주고 제비한테 박씨를 얻었어요. 하지만 놀부의 욕심만 채우려는 행동 때문에 놀부의
박에서는 도깨비가 나와 놀부를 흠씬 때리고 재산을 다 빼앗아 가 버렸답니다.
이렇게 놀부가 거지가 되자, 착한 흥부는 형을 용서하고 도와주며 함께 잘 살았답니다.

1) 옛이야기 〈흥부와 놀부〉의 주제로 바른 것을 골라 봅시다.

① 무슨 일이든 최선을 다하면 좋은 결과가 따라온다.

② 부모님께 정성을 다해서 효를 실천해야 한다.

③ 어려운 일이 생기면 머리를 써서 지혜롭게 해결해야 한다.

④ 착한 사람은 복을 받고 나쁜 사람은 벌을 받는다.

> 옛이야기는 거의 모든 주제가
> '권선징악(선한 사람은 복을 받고,
> 악한 사람은 벌을 받는다.)'이에요.
> 등장인물도 선한 사람과 악한 사람이
> 언제나 함께 등장하지요.

2) 위 옛이야기에서 서로 대립되는 것을 찾아 선으로 이어 봅시다.

> 옛이야기는 대립되는
> 인물이나 사건을 통해서
> 이야기를 전개해 나가요.

1. 〈방귀쟁이 새색시〉를 읽고 쓴 독서감상문을 보고 물음에 답해 봅시다.

놀라운 방귀

어제 아빠가 대포 같은 방귀를 뀌어서 〈방귀쟁이 새색시〉가
생각나 읽어 보았다. 새색시의 방귀는 정말 힘이 세다.
방귀 한 방으로 아버님, 어머님, 서방님까지 날려 버리고,
집을 무너뜨리기도 한다. 이럴 땐 힘센 방귀가 쓸데없어
보이지만, 높은 나무에 달려 있는 배가 먹고 싶은 사람들에게 방귀의 힘으로 배를 떨어뜨려
주어 도움을 준 일도 있었다. 이 이야기를 읽고 새색시가 방귀를 뀌는 모습이 상상이 되어서
정말 웃겼다. 새색시의 노래진 얼굴과 ㉠"빠앙!", "뽕뽕뽕", "빵!" 이라는 방귀 소리에서
힘이 느껴졌다. 그리고 방귀 소리에 배가 후두둑 떨어질 때 주위에 있던 사람들이 얼마나
깜짝 놀랐을지 생각해 보면 더 재미있다. 〈방귀쟁이 새색시〉는 방귀를 재미있게 풀어 쓴
옛이야기이다. 많은 사람들이 책을 읽고, 이야기 곳곳에 숨은 재미있는 웃을 거리를 찾으며,
나처럼 즐거운 기분을 느낄 수 있으면 좋겠다.

1) ㉠과 같이 방귀 소리를 흉내 내는 말을 생각나는 대로 모두 써 봅시다.

옛이야기는 말의 재미와 흥미를 느낄 수 있도록 흉내 내는 말을 많이 사용합니다.

2) 위 독서감상문에서 〈방귀쟁이 새색시〉의 어떤 점을 강조하고 있는지 골라 봅시다.
① 부모님께 효도하는 삶을 살아야 한다는 점
② 옛사람들의 모습을 보고 재미있게 웃고 즐길 수 있는 점
③ 어려움을 극복하는 의지와 용기를 심어 주는 점
④ 어린이들이 바른 생활 습관을 가져야 한다는 점

옛이야기는 어린이들에게 교훈과 더불어 즐거움늘 수어요.

2. 〈우렁각시〉를 읽고 쓴 편지 독서감상문을 보고 물음에 답해 봅시다.

우렁각시에게

안녕? 우렁각시야. 나무꾼과 잘 지내고 있니? 너랑 나무꾼이랑 결혼한 후에 부자 영감이

횡포를 부려서 걱정이 많이 되었어. 부자 영감이 벼 천 섬을 걸고 자신이 이기면 너를 달라고

하다니 용서가 안 돼. 네가 물건도 아닌데 부자 영감은 어떻게 그렇게 함부로 말할 수가 있지?

그래도 지혜로운 네가 내기를 할 때마다 현명하게 이겨서 정말 통쾌했어.

마지막이 정말 멋졌지. 부자 영감을 혼쭐이 날 정도로 흠씬 때려 줬으니까.

우렁각시 너의 이야기를 본 다음부터는 나도 욕심을 부리지 않기로

결심을 했어. 욕심을 부리면 끝내 벌을 받거든.

우렁각시야, 남편과 행복하게 지내고 또 연락하자. 잘 지내!

9월 17일

너의 지혜가 부러운 지민이가

1) 위 독서감상문을 읽고 등장인물의 특징을 찾아 선으로 이어 봅시다.

부자 영감	•		•	재주가 많고 지혜롭다.
신랑	•		•	아내를 사랑한다.
우렁각시	•		•	욕심이 많다.

> 옛이야기는 서로 대비되는 인물을 등장시켜 이야기를 이끌어 가는 경우가 많아요.

2) 위 독서감상문에서 줄거리를 어떤 식으로 썼는지 바른 것을 골라 봅시다.

① 책을 읽는 시간에 따라 줄거리를 썼어요.

② 옛이야기에서 얻을 수 있는 교훈을 중심으로 줄거리를 썼어요.

③ 시간에 따라 일어난 사건을 기준으로 줄거리를 짧게 썼어요.

④ 시간에 상관없이 생각나는 대로 줄거리를 썼어요.

> 옛이야기는 시간에 따라 일어난 순서대로 사건을 전개시켜 나가요. 독서감상문을 쓸 때 줄거리 정리도 시간에 따라 한다면 편하겠지요?

1. 이런 책을 읽어요.

제목: 이야기 주머니
글: 엄혜숙   **그림:** 윤정주   **출판사:** 미래엔 아이세움

2. 책의 내용을 살펴봐요.

등장인물

도령
이야기를 무척 좋아해서 자신이 들은 모든 이야기를 주머니에 모아 놓음.

머슴아이
도령의 머슴으로 이야기 귀신들의 음모를 듣고 도령을 지키려고 함.

이야기 귀신들
이야기 주머니에 갇혀 답답해하다가 도령 결혼식에서 도령을 죽이려고 함.

줄거리: 이야기를 좋아하는 도령이 여러 해 동안 이야기를 주머니에 가득 모았어요. 이야기들은 밖으로 나가지 못해 답답해하고, 도령이 장가가는 날 도령을 죽이기로 하지요. 그 대화를 들은 머슴아이는 도령이 나쁜 일을 당하지 않게 장가가는 날 따라나서 지혜롭게 귀신들을 물리치고, 도령은 무사히 혼례를 치르게 됩니다.

3. 친구들의 생각을 알아봐요.

옛이야기를 통해 조상들의 삶의 모습을 알 수 있어.

도령이 위험했지만 머슴아이의 지혜가 뛰어나 도령이 살 수 있었어.

머슴아이의 슬기와 재치로 어려움을 극복했어.

1. 〈이야기 주머니〉를 읽고 독서감상문을 썼어요. 잘 읽고 물음에 답해 봅시다.

> 머슴아이의 지혜
>
> 이야기를 좋아하는 나는 〈이야기 주머니〉는 대체 어떤 주머니일까 궁금해
> 책을 읽게 되었다. 이야기를 좋아하는 도령이 이야기 주머니에 이야기를
> 가득 모으고 남에게는 들려주지 않았다. 주머니에 갇혀 화가 난 이야기
> 귀신들은 도령이 장가가는 날 죽이기로 한다. 도령의 지혜로운 머슴아이는 이 사실을
> 알았지만, 도령이 알면 두려워 장가를 못 갈까 봐 말을 하지 않고, 여러 번의 위기에서
> 지혜롭게 도령을 구출한다. 머슴아이는 상대가 귀신인데 무섭지도 않나 보다. 도령은 결국
> 머슴아이의 지혜로움을 알고 더 잘해 준다. 이처럼 어려운 상황에서 사람이 지혜롭게 행동하는 것은
> 정말 중요하다. 나는 새로운 상황에서 긴장하곤 하는데, 앞으로는 어떤 일이라도
> 두려워하지 않고 현명하게 행동해야겠다. 그래서 용감하고 똑똑한 어린이가 되고 싶다.

1) 위의 독서감상문에서 중심이 되는 생각으로 바른 것을 골라 봅시다.

   ① 어려운 상황에서 지혜를 가지고 행동해야 한다.

   ② 귀신을 봐도 두려워하지 않는 용기를 가져야 한다.

   ③ 귀신은 주머니 속에 가둬 두면 매우 싫어한다.

   ④ 사람이 장가갈 때 많은 도움을 주어야 한다.

2) 〈이야기 주머니〉의 줄거리를 순서대로 정리했어요. 빈칸에 들어갈 알맞은 내용을 써 봅시다.

| 이야기 주머니 속에 갇혀 있던 귀신들이 도령이 장가가는 날 죽이기로 마음먹음. | → | 이 이야기를 미리 들은 머슴아이는 도령이 장가가는 날 함께 따라나섬. | → | | → | 도령은 머슴아이의 현명함을 알고 머슴아이에게 더 잘 대해 줌. |

> 옛이야기는 어린이에게 귀감이 되는 효도, 우애, 우정, 지혜 등의 교훈을 담고 있어요. 그런 가치를 잘 활용해서 독서감상문을 써요.

87

1. 어떤 옛이야기를 읽었나요?

_____

2. 여러분이 선택한 옛이야기를 시간 순서에 따라 간단하게 정리해 봅시다.

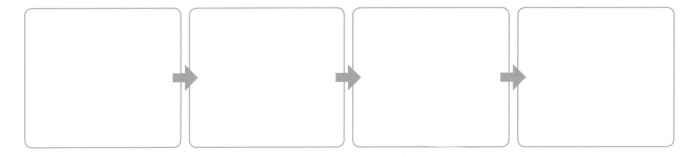

3. 여러분이 선택한 옛이야기에서 주는 가치가 무엇인지 보기 에서 골라 써 봅시다.

보기	
효도 우애 우정 지혜 의지 용기 즐거움 따뜻한 마음	

4. 옛이야기에서 느낀 가치 중에서 자신이 꼭 실천하고 싶은 가치는 무엇인지, 왜 그 가치를 실천하고 싶은지 간단하게 써 봅시다.

실천하고 싶은 가치	가치를 실천하고 싶은 이유

5. 여러분이 선택한 옛이야기의 가치를 실천한 경험이 있다면 보기 처럼 간단하게 써 봅시다.

보기 이야기 주머니-지혜	책 제목: 가치:
두 친구 사이에서 곤란했을 때 재지를 발휘하여 해결할 수 있었다.	실천한 경험:

1. 계획한 내용으로 독서감상문을 써 봅시다.

1) 옛이야기의 줄거리를 시간 순서에 맞게 잘 적었는지 다시 읽고 확인하여 봅시다.

2) 옛이야기에서 말하는 가치가 명확하게 드러났는지 다시 읽어 봅시다.

1. 다음 글을 읽고 물음에 답해 봅시다.

선녀와 나무꾼

나무꾼이 숨어서 몰래 지켜보니 과연 사슴의 말대로 몇 명의 선녀들이 옷을 한쪽에 벗어 놓고 목욕을 하고 있었다. 나무꾼은 몰래 선녀의 옷을 훔치고 시간이 지나기를 기다렸다. 시간이 지나자 선녀들은 각자 자기 옷을 입고 하늘로 올라갔다. 하지만 선녀 한 명이 옷을 못 찾아 당황해하고 있었다. 그때 나무꾼이 선녀에게 다가가 어찌 된 사정인지 묻고 선녀를 자신의 집 으로 데려갔다.

세종대왕

태종의 셋째 아들로 태어난 세종대왕은 왕의 자리에 오를 때까지 공부하는 것을 굉장히 좋아했다. 세종대왕은 집현전에 있는 여러 학자들과 책에 대해 공부하고 대화하는 것을 즐겼다. 1443년 세종대왕은 우리나라 글자인 한글을 창제하여 '훈민정음'이라는 이름으로 조선에 반포하였다. 세종대왕은 ＿＿＿＿＿＿＿＿＿ 사람이었다.

1) 그림에 나온 두 사람 중 실제로 살아 있었던 사람을 찾아 ○표 를 해 봅시다.

2) 세종대왕에 관한 글에는 이 글이 실제 있었던 일이라는 것을 알게 해 주는 시간을 나타내는 낱말이 있습니다. 그 낱말을 찾아 밑줄 그어 봅시다.

3) 빈칸에 여러분이 생각하는 세종대왕의 훌륭한 점을 써 봅시다.

• 세종대왕은 ＿＿＿＿＿＿＿＿＿＿＿＿＿＿＿＿＿＿＿ 사람이었다.

> 인물 이야기란 실제 인물을 주인공으로 하여 그의 삶을 사실적으로 기록한 글입니다.
> 인물 이야기 책을 읽을 때는 그 인물의 훌륭한 점을 찾는 것이 중요합니다.

2. 다음 글을 읽고 물음에 답해 봅시다.

이순신

1598년 11월 19일 새벽, 이순신 장군은 퇴각하려는 왜군의 배를 노려
명나라 장수 진린과 함께 전투를 개시했다. 노량 앞바다에 수많은 적들의
배가 깨지고 부서져 바다에 가라앉았다. 이순신 장군은 직접 선두에 서서
전투를 지휘했다. 그때 어딘가에서 날아온 총알 한 발이 이순신 장군의
심장에 박혔다. "내 죽음을 적에게 알리지 말라."라는 역사에 길이 빛나는
유언을 남기고 이순신은 죽었지만, 일본 장수 고니시는 꽁지가 빠지게
일본으로 달아났다. 이순신은 마지막 전투에서까지 훌륭한 작전을 세워 왜군을 무찔렀다.
이순신 장군의 뛰어난 리더십과 끝까지 포기하지 않는 마음가짐은 오래도록
사람들의 마음에 남아 있다.

1) 위 글에 나온 이순신에 대한 설명으로 옳지 <u>않은</u> 것은?

① 이순신은 옆집에 사는 훈훈한 사람이다.　　② 이순신은 우리에게 교훈을 주는 인물이다.

③ 이순신은 특정한 시대에 살던 실제 인물이다.　④ 이순신은 큰 업적을 세운 위인이다.

2) 위 글의 시대적 배경을 아래에 써 봅시다.

• 때: _____ 년 _____ 월 _____ 일

• 장소: _____

3) 이순신이 우리에게 주는 교훈을 찾아 밑줄을 그어 봅시다.

> 인물 이야기 책에 나오는 인물은 실제 삶이 모든 어린이들에게 교훈을
> 주는 사람입니다. 물론 시간적·공간적 배경도 사실이지요.

1. 인물 이야기 책을 읽고 쓴 독서감상문을 잘 보고 물음에 답해 봅시다.

용감한 안중근 의사

　광복절이 다가오자 선생님이 〈안중근〉 책을 읽어 보라고 하셨다. 조금 두꺼웠지만 이야기에 금방 빠져들었다. 하얼빈 역에서 이토 히로부미가 내렸다. 숨죽이며 기다리고 있던 안중근은 그를 향해 총을 쏘았다. 이토 히로부미의 가슴을 정확히 맞춘 안중근은 크게 외쳤다. "대한 독립 만세! 대한 독립 만세!" 안중근은 어린 시절부터 용감하고, 나라를 사랑하는 마음을 지니고 있었다. 1910년, 우리나라는 일본에 나라를 빼앗길 위기에 처해 있었다. 그때 안중근은 그 위기에서 벗어나기 위해 나라를 사랑하는 마음으로 일본 앞잡이 이토 히로부미에게 총을 쏜 것이다.

　나는 줄넘기 대회에 나갈 때 자신이 없어서 그만두고 말았다. 만약 안중근이라면 믿음을 가지고 자신이 하고자 하는 일을 끝까지 해냈을 것이다. 나도 이제부터 안중근을 본받아 용기와 믿음을 가지고 계획한 일을 끝까지 할 수 있는 사람이 되고 싶다.

1) 1910년에 우리나라에서는 어떤 일이 벌어지고 있었는지 알맞은 것을 골라 봅시다.

　① 임진왜란이 일어나 우리나라와 일본이 전쟁을 했다.

　② 우리나라의 경제 사정이 어려워 일본이 많은 도움을 주었다.

　③ 일본이 우리나라를 빼앗기 위해 온갖 나쁜 일을 벌이고 있었다.

　④ 우리나라와 일본이 서로에게 많은 도움을 주며 협력하고 있었다.

2) 위 글에서 안중근에게 어떤 점을 본받고 싶은지, 알맞은 글자를 [보기] 에서 찾아 낱말을 만들어 써 봅시다.

[보기]	용	구	가	기	믿
	설	한	음	서	중

• 나는 안중근에게 ☐☐ 와 ☐☐ 을 가진 태도를 본받고 싶다.

2. 〈이이〉에 대한 인물 이야기 책을 읽고 독서감상문을 썼어요. 잘 읽고 물음에 답해 봅시다.

어머니를 생각하는 마음

어제 위인전 읽기 숙제로 나는 〈이이〉 책을 읽었다. 이이는 어머니 신사임당이 돌아가시자 삼 년 동안 예를 다하여 무덤을 지켰다. 삼 년이란 시간은 엄청 긴 시간인데 무덤 옆을 한시도 떠나지 않고 정성을 다했다고 한다.

오늘 아침에 나는 일어나라고 깨우는 엄마에게 신경질을 부렸다. 만약 이이라면 절대 그러지 않았을 것이다. 책을 읽고 이이에 비해서 내가 너무 모자란 것을 느꼈다. 앞으로라도 엄마한테 예의 바르게 말하고 행동해야겠다고 생각했다.

1) 글쓴이의 어떤 나쁜 습관이 '이이'의 생활과 비교되는지 빈칸에 알맞은 말을 써 봅시다.

나쁜 습관	이이의 생활
	어머니가 돌아가시자 삼 년 동안 무덤 옆을 지킴.

> 인물 이야기 책을 읽고 독서감상문을 쓸 때 자신의 생활과 비교하며 글을 쓰면 좋은 독서감상문을 쓸 수 있어요.

2) 글쓴이는 이이의 어떤 점을 본받고 싶은지 알맞은 주제를 골라 봅시다.

① 이이가 다른 사람을 지혜롭게 이끄는 모습

② 친구들과 허물없이 편하게 지내는 모습

③ 어머니께 효를 다하여 예의 바르게 하는 모습

④ 자신의 일을 미루지 않고 끝까지 최선을 다하는 모습

> 인물 이야기 책을 읽고 독서감상문을 쓸 때는 인물의 어떤 점을 본받고 싶은지 분명하게 정하고 쓰는 것이 좋아요.

1. 이런 책을 읽어요.

제목: 마틴 루터 킹　**글:** 도린 래퍼포트　**그림:** 브라이언 컬리어

옮긴이: 서애경　**출판사:** 미래엔 아이세움

2. 책의 내용을 살펴봐요.

등장인물

마틴 루터 킹
흑인 목사로 미국의
인종 차별 정책을
없애는 데 커다란
역할을 하였다.

마틴 루터 킹의 생애

1929년　조지아 주 애틀랜타에서 태어남.

1955년　몽고메리 버스 보이콧(승차 거부) 운동을 함.

1960년　노스캐롤라이나 주 그린스보로에서 시위를 함.

1961년　버지니아 주 올바니에서 저항 운동을 함.

1963년　워싱턴 시위 중 "나에게는 꿈이 있습니다."
　　　　연설을 함.

1964년　공공장소와 고용에서 차별을 금지하는 법안이 조인됨.
　　　　노벨 평화상을 받음.

1965년　앨라배마 주 셀마에서 저항 운동을 함.

1968년　암살됨.

1986년　킹 목사의 생일이 국경일로 제정됨.

3. 친구들의 생각을 알아봐요.

마틴 루터 킹은
1929년에 미국에서
태어난 실제 인물이야.

마틴 루터 킹은 사람들에게
꿈과 희망을 주었어.
나도 다른 사람에게 꿈을
줄 수 있는 사람이 되고 싶어.

마틴 루터 킹은 다른 사람을
사랑하고 존중하는 것이 문제
해결의 지름길이라고 했어.

1. 〈마틴 루터 킹〉을 읽고 독서감상문을 썼어요. 잘 읽고 물음에 답해 봅시다.

사랑과 평화

수진이와 같이 숙제할 것이 있어서 놀이터에서 만나기로 했는데 수진이가

15분 정도 늦었다. 미리 연락도 안 하고 아무 말 없이 늦으니까 화가 많이 났다.

수진이에게 화를 낼까 하다가 아까 읽은 〈마틴 루터 킹〉 책이 떠올랐다.

마틴 루터 킹은 미국에서 태어난 흑인이다. 그는 미국에서 계속 있어 왔던 흑인

차별에 반대하여 시위에 나섰다. 마틴 루터 킹의 시위는 폭력을 사용한 시위가

아니라 사랑과 평화의 시위였다. 마틴 루터 킹은 미움으로는 미움을 몰아낼 수 없고

오직 □□으로만 미움을 몰아낼 수 있다고 생각한 자신의 신념을 지킨 것이다.

나는 수진이에게 "급한 일이 있었나 보다. 뛰느라 힘들었겠네."라고 말했다.

그러자 수진이는 "미안해, 호중아."라며 진심으로 나에게 사과했다. 앞으로도 다른 사람을

대할 때 사랑을 가지고 그 사람의 마음을 평화롭게 만들어 줄 수 있는 내가 되고 싶다.

1) 마틴 루터 킹에 대한 사실로 옳은 것을 골라 봅시다.

    ① 마틴 루터 킹은 백인이다.

    ② 마틴 루터 킹은 미국에서 태어났다.

    ③ 마틴 루터 킹은 미국이 전쟁을 하도록 시위를 했다.

    ④ 마틴 루터 킹은 폭력을 사용해서 시위를 해야 한다고 말했다.

> 인물 이야기 책을 읽고 독서감상문을 쓸 때는 정확한 사실을 알고 써야 해요.

2) 위의 글을 읽고 □안에 들어가야 할 낱말이 무엇인지 빈칸에 써 봅시다.

미움으로는 미움을 몰아낼 수 없고,
오직 　　□□　　 으로만 미움을 몰아낼 수 있다.

1. 어떤 인물 이야기 책을 읽었나요?

_____

2. 선택한 인물이 했던 일 중 가장 기억에 남는 것은 무엇인지 생각하고 써 봅시다.

_____

3. 보기 와 같이 선택한 인물이 한 일과 그 일에서 본받고 싶은 점을 써 봅시다.

인물이 한 일	본받을 점
보기 마틴 루터 킹이 "나에게는 꿈이 있습니다. 앨라배마의 흑인 소년 소녀들이 백인 소년 소녀들과 형제자매처럼 손을 맞잡을 날이 끝내 오리라는 꿈이 있습니다."라고 연설함.	보기 마틴 루터 킹은 인종 차별 정책을 반대하며 끝까지 자신의 신념을 굽히지 않았다.

4. 쓸 내용을 구성하여 봅시다.

이 책을 읽게 된 동기	
인물이 했던 일과 본받을 점	
내가 선택한 인물과 비교하여 꼭 고치고 싶은 나의 단점	

1. 계획한 내용으로 독서감상문을 써 봅시다.

1) 독서감상문을 다시 소리 내어 읽고 사실과 다른 부분은 없는지 살펴봅시다.

2) 인물에게 본받을 점이 독서감상문에 뚜렷하게 드러나 있는지 살펴봅시다.

1. 다음 글을 읽고 물음에 답해 봅시다.

세계에는 다양한 얼굴색을 가진 사람이 살고 있습니다. 옆에 있는 사람의 얼굴색만 봐도 나와 다른 것을 알 수 있습니다. 내 얼굴색보다 조금 밝을 수도 있고, 조금 더 짙은 색일 수도 있습니다. 흑인들처럼 완전히 까무잡잡할 수도 있습니다. 만약 여러분이 흑인이 많이 사는 동네에 갔는데, 그곳에 사는 사람들이 여러분의 얼굴이 까맣지 않다고 따돌린다면 여러분의 마음은 어떨까요? 자신과 다른 것을 인정하지 않고, 배려하지 않는다면 슬픈 일이 많이 생길 것입니다. 얼굴색을 '살색'이라고 표현하는 것은 옳지 않습니다. 노란 얼굴, 분홍 얼굴, 갈색 얼굴, 하얀 얼굴, 까만 얼굴처럼 정말 다양한 얼굴색을 가진 사람이 살고 있기 때문입니다. 자신과 다르다고 무시하지 말고, 다른 점을 인정하며 함께 아름답게 살아가는 것이 중요합니다.

1) 위 사회문화 책에서 설명하고 싶은 내용이 무엇인지 알맞은 그림을 찾아 ○표를 해 봅시다.

2) 위 사회문화 책의 주제로 알맞은 것은 무엇인지 골라 봅시다.

① 사람들의 얼굴색은 살색이 아니다.

② 나와 다른 것을 인정하고 배려하며 살아가야 한다.

③ 흑인이 사는 동네에는 가지 말아야 한다.

④ 엄마의 얼굴색은 나와 다르다.

2. 지민이가 쓴 설명하는 글을 읽고 물음에 답해 봅시다.

경복궁은 임금이 살던 조선 왕조의 궁궐입니다. '경복궁'이라는 이름에는 나라가 큰 복을
누려 번영할 것이라는 뜻이 담겨 있다고 합니다. 경복궁에서 가장 인상 깊은 곳을 꼽으라면
'근정전'과 '경회루'라고 할 수 있습니다.
근정전은 경복궁의 건물 중에서 가장 웅장합니다. 멀리서 바라만 봐도, 당당하고 멋이 넘칩니다.
근정전은 나라의 큰 행사를 치렀던 곳으로, 경복궁의 중심이라고 할 수 있습니다.
경회루는 경복궁의 건물 중에서 가장 아름답습니다. 경회루는 왕이 신하들과 연회를 하거나
외국 사신을 접대하던 곳입니다. 경회루에 있는 연못에서 뱃놀이도 즐기고, 인왕산과 경복궁
전체의 모습을 감상할 수도 있습니다.

1) 선생님이 지민이에게 글의 제목이 무엇인지 물었어요. 지민이가 한 대답으로 옳은
것을 골라 봅시다.

경복궁에 있는 건물의 특징에 대해 설명하고 있으니까
_____ 라고 제목을 지을 수 있어요.

① 근정전에서 열리는 행사   ② 경복궁의 특징

③ 경복궁이 큰 이유   ④ 경회루의 뱃놀이

제목은 글에서 설명하고
있는 내용으로 정해요.

2) 지민이가 경복궁에 대해 좀 더 자세히 알기 위해 자료를 조사하려고 해요. 알맞은
방법을 나타낸 그림에 ○표를 해 봅시다.

사회문화 책을 잘 읽으려면 설명하려는
대상과 관련된 자료를 조사하면 좋아요.
인터넷이나 백과사전을 찾아보거나,
대상을 잘 알고 있는 사람을 면담하면
좋은 정보를 얻을 수 있어요.

1. 다음 독서감상문을 읽고 물음에 답해 봅시다.

경찰관과 소방관

어제 학교에서 여러 가지 직업에 대해서 배우고 집에 와서 관련된 책을 읽었다.

여러 직업 중에서 내가 가장 되고 싶은 직업은 경찰관과 소방관이다.

㉠ 경찰관은 우리가 사는 곳의 질서 유지를 위하여 많은 일을 한다.

㉡ 도둑질을 하거나 법을 어긴 사람을 잡아가거나 도로에서 차가

빨리 다닐 수 있게 도움을 주기도 한다.

소방관은 화재를 예방하거나 진압한다. 화재가 났을 때 소방관은 가장 먼저 출동하여 불을 끄기 위해 노력한다. 또 학교에 와서 어린이들에게 화재를 예방하는 여러 가지 안전 수칙을 알려 주기도 한다.

경찰관이나 소방관은 다른 사람이 어려움에 처했을 때 도움을 주는

정말 멋진 직업이다. 나도 나중에 다른 사람을 도와줄 수 있는

멋진 직업을 갖고 싶다.

1) 위의 글을 보고 학생들이 얻은 정보로 옳은 것을 골라 ○표를 해 봅시다.

경찰관이 되기 위해서는 여러 가지 시험을 통과해야 해.

소방관은 아픈 사람이 있을 때 구급차를 보내 주기도 해.

경찰관은 도로에서 우리에게 여러 가지 도움을 주기도 해.

2) 위의 글에서 ㉠을 중심 내용, ㉡을 세부 내용이라고 해요. ☐☐☐☐ 에 있는 문단에서 중심 내용과 세부 내용을 구분해 봅시다.

> 사회문화 책을 읽고 독서감상문을 쓸 때 중심 내용과 세부 내용으로 나누어 쓰면 다른 사람이 글을 더 쉽게 이해할 수 있어요.

2. 세민이가 여러 나라에 대한 책을 읽고 세 가지 구조로 내용을 정리했어요. 잘 읽고, 알맞은 구조를 선으로 잇고 빈칸을 보기와 같이 채워 봅시다.

오스트레일리아와 뉴질랜드는 오세아니아 대륙에 있다. 오스트레일리아의 수도는 캔버라이고, 캥거루, 코알라 같은 동물이 산다. 뉴질랜드의 수도는 웰링턴이고, 키위 같은 동물이 산다.

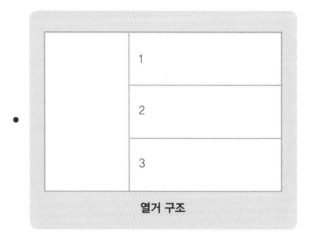

	1
	2
	3

열거 구조

러시아에는 시베리아 횡단 철도가 있다. 시베리아 횡단 철도의 특징은 첫째, 러시아 모스크바에서 블라디보스토크까지 이어지는 철도이다. 둘째, 철도의 길이가 세계에서 가장 길다. 셋째, 모스크바에서 블라디보스토크까지 가는 데 약 7일 정도 걸린다.

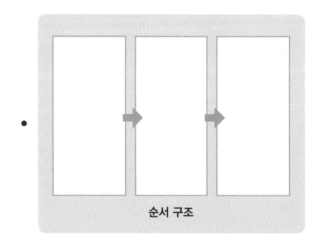

순서 구조

주호는 아빠와 함께 이탈리아 여행을 했다. 아침에는 로마의 콜로세움을 보러 갔고, 저녁에는 로마 북서부에 있는 바티칸 시국에 다녀왔다. 다음 날에는 이탈리아 북쪽에 있는 피사로 이동해 피사의 사탑을 관람했다.

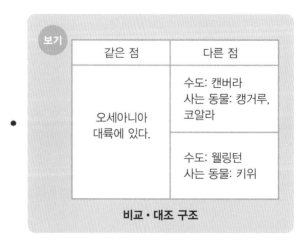

보기

같은 점	다른 점
오세아니아 대륙에 있다.	수도: 캔버라 사는 동물: 캥거루, 코알라
	수도: 웰링턴 사는 동물: 키위

비교·대조 구조

사회문화 책을 읽고 독서감상문을 쓸 때 글의 구조를 정리하고 쓰면 도움이 됩니다. 글의 구조는 열거 구조, 순서 구조, 비교·대조 구조 등이 있습니다.

1. 이런 책을 읽어요.

제목: 어린이를 위한 세계 지도책

글: 신지혜   **그림:** 나수은   **출판사:** 미래엔 아이세움

2. 책의 내용을 살펴봐요.

세계의 여러 나라

아메리카-미국: 시애틀, 샌프란시스코, 로스앤젤레스 같은 도시가 있고, 날씨가 온화하고 많은 사람들이 모여 살고 있음.

유럽-영국: 잉글랜드, 스코틀랜드, 웨일스, 북아일랜드의 네 개 지역으로 이루어져 있음.

유럽-프랑스: 서유럽 중앙에 위치하고 프랑스 혁명으로 유럽에 자유와 평등을 알린 나라

아프리카-이집트: 나일강이 흐르는 비옥한 토지, 세계 4대 문명의 발상지 중 한 곳임.

오세아니아-오스트레일리아: 코알라, 오리너구리, 캥거루 같은 독특한 동물이 살고 있는 나라

아시아-일본: 대한민국의 오른쪽에 위치한 섬나라로 지진이 자주 발생하고 토양이 척박함.

영국 / 프랑스 / 유럽 / 아시아 / 일본 / 아메리카 / 미국 / 이집트 / 아프리카 / 오세아니아 / 오스트레일리아

3. 친구들의 생각을 알아봐요.

이 책은 세계의 여러 나라를 대륙별로 소개하고 있어.

여러 나라의 특징을 하나하나 열거하고, 관련 자료를 그림으로 소개해서 재미있게 읽을 수 있어.

나는 여기 나온 모든 나라보다는 영국과 프랑스를 비교해서 독서감상문을 써 보고 싶어.

1. 〈어린이를 위한 세계 지도책〉을 읽고 독서감상문을 썼어요. 잘 읽고 물음에 답해 봅시다.

영국과 프랑스

〈어린이를 위한 세계 지도책〉을 읽고, 나는 영국과 프랑스에 여행을 가 보고 싶어졌다. 두 나라가 도버 해협을 사이에 두고 서로 가까이 있기도 하고, 오랜 기간 동안 세계 여러 나라에 영향을 주었기 때문이다. 우선, 두 나라에는 여러 도시가 있다. 영국에는 수도 런던과 리버풀, 버밍엄, 카디프, 사우샘프턴 등이 있고, 프랑스에는 수도 파리와 릴, 리옹, 마르세유, 칸 등이 있다.

두 나라의 수도에는 많은 유적이 있다. 런던에는 영국 여왕의 집인 버킹엄 궁전과 엘리자베스 타워, 1675년에 설립된 그리니치 천문대가 있다. 파리에는 세계 3대 박물관인 루브르 박물관과 베르사유 궁전, 그리고 파리의 상징인 에펠탑이 있다.

언젠가 영국과 프랑스에 가서 내 눈으로 직접 그 도시와 문화 유적들을 살피고 싶다. 그때 영국과 프랑스에 대해 자세히 안다면 그 문화를 쉽게 이해할 수 있을 것이다. 앞으로 좀 더 많은 책과 자료를 찾아 영국과 프랑스에 대해 공부해야겠다.

1) 위의 독서감상문에서   에 있는 문단을 읽고, 중심 문장을 찾아 밑줄 그어 봅시다.

> 사회문화 책을 읽고 독서감상문을 쓸 때는 대상을 설명하는 것이 중요하므로 중심 내용과 세부 내용을 구분해서 쓰는 것이 좋아요.

2) 영국과 프랑스를 비교한 표입니다. 빈칸에 알맞은 말을 써 봅시다.

	영국	프랑스
( )	( ), 리버풀, 버밍엄, 카디프, 사우샘프턴	파리, 릴, 리옹, ( )
수도의 유적	버킹엄 궁전, 엘리자베스 타워, ( )	( ), 베르사유 궁전, 에펠탑

1. 어떤 사회문화 책을 읽었나요?

_____

2. 선택한 책에서 어떤 주제로 독서감상문을 쓸지 생각나는 것을 자유롭게 써 봅시다.

>

3. 2에서 생각해 본 주제를 가지고 101쪽의 세 가지 구조 중에서 한 가지를 선택해 **보기** 처럼 써 봅시다.

보기 어린이를 위한 세계 지도책 독서감상문 구조: 열거 구조	
1. 아메리카의 특징 2. 유럽의 특징 3. 아시아의 특징	

4. 3에서 만든 구조에서 문단의 중심 내용을 적고 세부 내용으로 무엇을 쓸지, 또 나의 생각은 어떠한지 **보기** 처럼 간단히 써 봅시다.

	보기 어린이를 위한 세계 지도책	
중심 내용	수호가 아빠와 함께 제일 처음 간 곳은 아메리카 대륙이었다.	
세부 내용	미국의 서쪽에는 시애틀, 샌프란시스코, 로스앤젤레스 같은 도시가 있다.	
중심 내용	다음으로 간 곳은 유럽이다.	
세부 내용	유럽에는 영국과 프랑스 같은 역사 깊은 나라가 있다.	
중심 내용	마지막으로 아시아에 왔다.	
세부 내용	아시아 대륙에는 우리 대한민국이 있다.	
나의 생각 및 느낌	나도 수호처럼 언젠가는 세계 여행을 꼭 할 것이다.	

1. 계획한 내용으로 독서감상문을 써 봅시다.

1) 독서감상문에 중심 내용과 세부 내용이 적절히 들어가 있는지 살펴봅시다.

2) 다른 구조로 쓴다면 어떤 구조가 어울릴지 생각하여 봅시다.

1. 다음 글을 읽고 물음에 답해 봅시다.

약 2억 5000만 년 전에 지구의 땅은 평평해지고 기후는 따뜻하고 습해졌다. 이와 함께 파충류 중에서 배로 기어 다니지 않고 네 다리나 두 다리로 걸어 다니는 공룡이 나타났다. 공룡은 이 시대에 지구에서 가장 번성한 육상 동물이다. 공룡은 초식 공룡과 육식 공룡으로 나눌 수 있다. 초식 공룡의 종류에는 브라키오사우루스, 스테고사우루스, 트리케라톱스 등이 있다. 이러한 초식 공룡은 성격이 온순하고 이빨이 날카롭지 않았다. 몸집이 큰 초식 공룡은 목이 길고 키도 커서 높은 곳의 잎을 먹었고, 목이 짧거나 키가 작은 공룡들은 낮은 곳에 있는 식물을 먹었다.

육식 공룡의 종류에는 티라노사우루스, 타르보사우루스, 알로사우루스 등이 있다. 이들 육식 공룡은 초식 공룡과는 반대로 성격이 사나우며 이빨이 굉장히 날카로웠다. 그리고 육식 공룡은 초식 공룡에 비해 수가 무척 적었다.

1) 위의 글에서 공룡을 분류한 기준이 무엇인지 알맞은 것을 골라 봅시다.

   ① 다른 동물과의 비교
   ② 공룡의 먹이
   ③ 시간의 변화
   ④ 피부의 색깔

> 과학 책을 읽을 때 무엇을 기준으로 설명하고 있는지 파악하는 것은 굉장히 중요해요.

2) 소희가 위의 글을 읽고 마인드맵으로 정리를 했어요. 마인드맵의 빈칸에 알맞은 낱말을 써 봅시다.

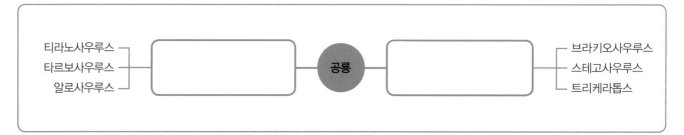

티라노사우루스
타르보사우루스
알로사우루스

공룡

브라키오사우루스
스테고사우루스
트리케라톱스

2. 다음 글을 읽고 물음에 답해 봅시다.

식물은 종류가 수없이 많아서 여러 가지 방법으로 분류할 수 있어요. 그중에서도 식물을 분류하는 가장 일반적인 방법은 쌍떡잎식물과 외떡잎식물로 나누는 것입니다.

쌍떡잎식물은 말 그대로 떡잎이 두 장이고, 잎맥이 그물맥인 식물을 말해요. 쌍떡잎식물의 종류에는 해바라기, 무궁화, 고추, 벚나무 등이 있어요. 다음으로 외떡잎식물은 떡잎이 한 장이고 잎맥이 나란히맥인 식물을 말해요. 벼, 옥수수, 백합이 외떡잎식물로, 대부분 풀이에요. 이렇게 쌍떡잎식물과 외떡잎식물로 나누어 식물을 살펴보면 식물을 더욱 쉽게 이해할 수 있어요. 주변에 있는 식물의 잎맥을 보고 쌍떡잎식물과 외떡잎식물을 분류해 보세요.

1) 빈칸에 알맞은 기준을 넣어 봅시다.

	잎맥이 그물맥으로 되어 있음.
	해바라기, 무궁화, 고추, 벚나무
	잎맥이 나란히맥으로 되어 있음.
	벼, 옥수수, 백합

한 가지 기준을 가지고 구체적으로 설명한 글은 독자가 쉽게 이해할 수 있습니다.

2) 한 어린이가 쌍떡잎식물의 종류에 대해 더 알아보고 싶어 해요. 알아보기 위한 바른 방법을 골라 봅시다.

① 백과사전을 찾아본다.

② 스스로 생각해 본다.

③ 옥수수의 모습을 떠올린다.

④ 잠을 자면서 생각해 본다.

과학 책을 읽으면서 새로운 호기심이 생기면 지나치지 말고, 여러 가지 자료를 찾아 왜 그런지 생각해 보세요.

1. 과학 책을 읽고 쓴 독서감상문을 잘 보고 물음에 답해 봅시다.

> 불완전 변태는 신기해
>
> 나는 곤충을 좋아한다. 형 방에 갔다가 곤충들이 그려진 책을 발견해 읽었다.
> 책에서는 곤충이 어른벌레로 변해 가는 과정에 대해서 알려 주었다. 곤충에는 완전 변태하는
> 곤충이 있고, 불완전 변태하는 곤충이 있다. 완전 변태란 알에서 애벌레, 번데기, 어른벌레로
> 크는 것이고, 불완전 변태는 알에서 애벌레, 어른벌레로 크는 것으로 번데기 과정이 없다.
> 지난번에 선생님께 나비가 변하는 과정에 대해 들은 적이 있어서 완전 변태에
> 대해서는 잘 알고 있었다. 나비는 알에서 깨어나 꿈틀거리는 애벌레로 변하고,
> 애벌레는 어느 순간 자신의 몸을 실로 감싸며 번데기가 된다. 시간이 흐르면
> 아름다운 나비가 되어 완전 변태가 완료된다. 불완전 변태는 번데기 과정 없이
> 어른벌레가 되니까 완전 변태하는 곤충보다는 약간 편하기도 하겠다는 생각이 든다.
> 불완전 변태를 하는 메뚜기나 잠자리를 관찰해 보고 싶다.

1) 완전 변태와 불완전 변태를 비교한 표예요. 빈칸에 알맞은 말을 넣어 봅시다.

	완전 변태	( )
과정	알 → 애벌레 → ( ) → 어른벌레	알 → 애벌레 → 어른벌레
종류	나비	( ), 잠자리

과학 책은 서로 비교해서 쓰면 알기 쉬워요.

2) 글쓴이가 과학 책을 읽고 새롭게 알게 된 사실이 무엇인지 그림에 ○표를 해 봅시다.

 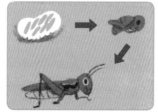 

과학 책을 읽고
독서감상문을 쓸 때는
새롭게 알게 된 사실이나
과학적 원리를 쓰면
좋은 독서감상문이
될 수 있어요.

2. 승희가 태양계에 관련된 책을 읽고 인터뷰 독서감상문을 썼어요. 잘 읽고 물음에 답해 봅시다.

아름다운 별 금성

승희: 안녕하세요, 박사님. 금성에 관하여 더 알고 싶은 게 있어서 인터뷰를 하게 되었습니다.

박사: 그렇군요. 금성은 신비로운 행성이죠. 무엇이든 다 물어보세요.

승희: 네. 금성은 어떤 특징이 있나요?

박사: 금성은 태양계에서 두 번째로 위치하고 있는 행성으로, 온도가 450도로 태양 다음으로 높아요.

땅에 용암이 흐르고, 비너스, ◯⃝ 등의 이름으로 불리지요.

승희: 그렇군요. 박사님은 금성에 대해 어떤 생각을 가지고 계신가요?

박사: 금성은 정말 아름다운 별이에요. 앞으로도 많은 연구가 이루어지면 좋겠어요.

승희: 마지막으로 앞으로 금성에 대해 어떤 연구를 하고 싶으신가요?

박사: 저는 금성에 사람이 살 수 있게 하는 연구를 해 보고 싶어요. 뜨거운 행성이라 쉽진 않겠지만 꼭 해내고 싶네요.

승희: 좋은 정보 감사합니다.

1) 승희는 과학 책을 읽고 무엇이 더 알고 싶어졌는지 알맞은 그림에 ◯표를 해 봅시다.

금성

목성

토성

> 과학 책을 읽고 더 알고 싶은 것을 독서감상문에 쓸 수 있어요. 더 알고 싶은 것을 쓰려면 다른 자료를 더 조사해야 해요.

2) ㉠에 들어갈 금성의 또 다른 이름을 직접 자료를 찾아 써 봅시다.

> 자료 조사는 여러 가지 방법으로 할 수 있어요. 인터넷 검색, 면담하기, 관련된 책 찾기 등 여러 가지 방법을 이용해서 자료를 찾고 독서감상문을 써요.

_____

1. 이런 책을 읽어요.

제목: 달콤달콤 무시무시 설탕을 조심해

글: 박은호   **그림:** 윤지회   **출판사:** 미래엔 아이세움

2. 책의 내용을 살펴봐요.

	① 설탕의 종류	• 백설탕: 우리가 흔히 볼 수 있는 하얀 설탕 • 흑설탕: 백설탕에 캐러멜이 들어가 더 촉촉한 설탕 • 얼음 설탕: 물에 천천히 녹는 설탕 • 각설탕: 직육면체 모양의 설탕 • 가루 설탕: 케이크나 쿠키 위에 뿌리는 설탕
	② 설탕의 역할	• 우리가 생각하고 활동하는 데 에너지원이 된다. • 신진대사가 활발하게 이루어질 수 있도록 도와준다. • 단맛으로 사람의 기분을 좋게 만들어 준다.
	③ 설탕을 많이 먹으면 안 좋은 점	• 설탕을 많이 먹으면 비만이 올 수 있다. • 당뇨와 고혈압에 걸릴 수 있는 위험이 있다.

3. 친구들의 생각을 알아봐요.

설탕이 우리에게 주는 좋은 점도 있다는 것이 신기했어.

과학 책을 읽을 때는 어떤 기준을 가지고 설명하고 있는지 발견하는 것이 중요해.

이 책을 읽고 나니까 이제부터 단것을 많이 먹지 말아야겠다는 생각이 들어.

1. 〈달콤달콤 무시무시 설탕을 조심해〉를 읽고 현우가 독서감상문을 썼어요. 잘 읽고 물음에 답해 봅시다.

> 이를 닦아요
>
> 며칠 전 앞니가 썩어 치과에 가서 뽑았다. 아프지는 않았지만 무서웠다. 치과 의사 선생님께서
> 〈달콤달콤 무시무시 설탕을 조심해〉라는 책을 추천해 주시면서 이를 열심히 닦으라는
> 말씀을 하셨다. 그렇게 읽게 된 이 책은 설탕에 대한 여러 가지 정보를 알려 주었다. 그중에서
> 설탕의 종류가 다양한 것이 가장 인상 깊었다. 엄마가 음식을 할 때 많이 쓰는 백설탕, 호떡
> 속에 들어가는 흑설탕, 물에 천천히 녹아서 주스를 만들 때 쓰는 얼음 설탕, 직육면체 모양의
> 각설탕, 그리고 케이크나 쿠키 위에 뿌리는 '슈거 파우더'라고 불리는 가루 설탕도 있다.
> 이런 설탕들은 모두 내가 좋아하는 아이스크림, 케이크, 초콜릿 같은 음식을 만들 때 쓰인다.
> 설탕은 적당히 먹으면 힘이 나게 하지만, 먹고 난 뒤에는 꼭 이를 깨끗이 닦아야 한다.
> 열심히 이를 닦아서 다시는 이가 썩지 않게 해야겠다.

1) 설탕의 이름과 그 쓰임이 알맞은 것끼리 선으로 이어 봅시다.

흑설탕　•

가루 설탕　•

얼음 설탕　•

 케이크

 호떡

 주스

> 과학 책을 읽을 때는 그냥 읽는 것이 아니라 거기에 나와 있는 내용을 제대로 이해하며 읽는 습관을 가져야 해요.

2) 과학 책을 읽으면서 현우는 어떠한 점을 지켜야겠다고 생각했는지 올바른 그림을 찾아 ○표를 해 봅시다.

> 과학 책도 우리에게 교훈을 줄 수 있어요. 과학 책을 읽고 독서감상문을 쓸 때 무엇을 알게 됐고, 앞으로 어떻게 행동해야 하는지 등을 구체적으로 쓰면 좋아요.

1. 어떤 과학 책을 읽었나요?

_____

2. 여러분이 선택한 책에서 설명하고 있는 주제에 대해 이미 알고 있는 내용이 있으면
보기 처럼 생각나는 것을 자유롭게 써 봅시다.

보기 달다 하얗다 이가 썩는다 맛있다	

3. 보기 와 같이 책을 읽고 새롭게 알게 된 내용을 써 봅시다.

보기 설탕은 몸에 힘을 준다. 설탕은 기분을 좋게 만든다. 설탕에는 흑설탕, 얼음 설탕, 각설탕이 있다.	

4. 보기 와 같이 책을 읽고 더 알고 싶은 내용을 질문으로 정리해 봅시다.

보기 설탕은 하루에 어느 정도만 먹어야 할까?

_____

5. 더 알고 싶은 내용을 인터넷으로 검색하거나 다른 책에서 찾아보고 답을 간단하게
써 봅시다.

_____

6. 이 책을 읽고 어떤 생각이나 느낌이 들었는지 써 봅시다.

_____

1. 계획한 내용으로 독서감상문을 써 봅시다.

1) 새롭게 알게 된 사실은 무엇인지 살펴봅시다.

2) 어떤 방법으로 자료를 조사했는지 이야기해 봅시다.

1. 다음 글을 읽고 물음에 답해 봅시다.

> 운명 교향곡
>
> "빠바바바 밤, 빠바바바 밤"과 같은 소리로 시작하는 교향곡 하면 무엇이 떠오를까?
> 바로 베토벤의 운명 교향곡일 것이다. 베토벤의 운명 교향곡은 베토벤이
> 숲속을 산책하다가 옆에서 우는 새의 소리를 듣고 떠올린 곡이다.
> 베토벤은 자신이 들은 새소리를 5년에 걸쳐 고치고 다듬어서 지금의 굵고
> 웅장한 도입부가 나오도록 하였다. 이렇게 해서 운명 교향곡의 시작 부분은
> 심각하고 강렬한 느낌이 나는 악장으로 탄생한 것이다. 베토벤은 이 곡의
> 도입부에 대해 말하면서 '운명은 이와 같이 문을 두드린다.'고 말하였다. 곡의 도입부가 워낙
> 극적이다 보니 운명과도 같은 느낌이 난다고 한 것이다. 또한 귓병을 가지고 있던 베토벤이
> 병을 이기고 자신만의 음악의 길을 걷겠다는 의지를 담아 한 말이기도 하다.
> 운명 교향곡은 들을 때마다 새로운 아름다움과 감동을 발견하게 만드는 음악으로,
> 지금까지 많은 이들의 사랑을 받고 있다.

1) 베토벤이 '운명 교향곡'이란 음악을 만들게 된 동기로 알맞은 것을 골라 봅시다.

　① 5년 동안 무슨 곡을 만들까 생각하다가 갑자기 음악이 떠올랐다.

　② 숲속을 산책하다가 옆에서 우는 새의 소리를 듣고 만들게 되었다.

　③ 문을 두드리는 친구의 소리를 듣고 만들게 되었다.

　④ 여러 사람들의 행복을 바라며 운명 교향곡을 만들게 되었다.

> 베토벤의 음악은 베토벤의
> 삶과 밀접하게 관련되어
> 있어요.

2) 운명 교향곡의 도입부는 어떤 느낌이 드는 음악인가요? 글에서 느껴지는 운명 교향곡 도입부의 느낌을 그림으로 표현해 봅시다.

> 예술 책을 읽으면서 작가의 생각을 파악하는 것은 무척 중요합니다.

2. 다음 글을 읽고 물음에 답해 봅시다.

> 생각하는 사람
>
> 로댕은 1840년에 프랑스에서 태어난 조각가이다. 로댕은 기존에 있던 조각가들이 만든 작품과 다른 창의적인 작품을 만들었다. 로댕의 작품은 처음에는 사람들이 이해하지 못했지만 점차 대단한 작품이라는 평가를 받았다. 로댕의 작품 중 가장 유명한 작품은 '생각하는 사람'이란 조각이다. 로댕은 '지옥의 문'이라는 커다란 작품을 1880년에 만들었는데 그중 '생각하는 사람'은 '지옥의 문' 가장 앞에 있는 작품이다. '생각하는 사람'은 자신의 과거를 생각하고 반성하는 모습을 조각한 것이다. 남자 한 명이 벗은 채 바위에 앉아서 무릎에 턱을 괴고 있는 모습이 무척 인상적이다. 로댕은 '지옥의 문' 앞에 시인이 앉아 있는 모습을 만들고 싶어서, 처음에 이 조각상을 '시인'이라 불렀다. 그러나 사람들이 고뇌하는 모습이 '시인'이라는 이름보다는 '생각하는 사람'과 더 잘 어울린다고 해서 그 뒤로 '생각하는 사람'으로 불리게 됐다고 한다.

1) 로댕이 만든 '생각하는 사람' 조각이 어떤 것인지 ○표를 해 봅시다.

> 예술 책을 볼 때는 사실적인 내용보다는 감상하는 방법을 아는 것이 중요해요. 위의 글에서도 로댕의 작품이 어떻게 만들어지게 되었는지 파악하면 감상하는 데 도움이 되지요.

2) 조각의 제목이 '생각하는 사람'으로 바뀐 이유로 올바른 것을 골라 봅시다.

① 본래 로댕이 조각의 제목을 '생각하는 사람'이라고 지었기 때문에

② '지옥의 문' 앞에 시인이 앉아 있었기 때문에

③ 남자 한 명이 벗은 채 바위에 앉아 있기 때문에

④ '생각하는 사람'이라는 제목이 작품과 더 잘 어울려서

> 작품의 이름이나 특징에는 재미있는 이야기가 있기도 해요.

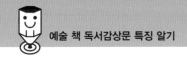

1. 예술 책을 읽고 쓴 독서감상문을 잘 보고 물음에 답해 봅시다.

끊임없이 노력한 파블로 피카소

오늘 미술 시간에 선생님께서 파블로 피카소가 그린 '꿈'이란 그림을 보여 주셨다. '꿈'은 한 여자가 의자에 앉아서 살며시 웃고 있는 그림이다. 색도 빨간색, 흰색, 노란색 같은 밝은색을 써서 분위기가 무척 유쾌하고 행복하다. 하지만 내가 보기에 굉장히 쉽게 그릴 수 있는 그림 같았다.

선이 단순하고 색도 많이 쓰지 않았다. 특히 얼굴은 완전하게 그리지 않고, 약간 쪼개져 있는데 왜 그렇게 그렸는지 이유를 알 수 없었다. 나는 그 이유를 명확히 알기 위해 파블로 피카소에 대한 책을 찾아 읽어 보았다.

피카소는 어렸을 적 미술 교사였던 아버지의 영향을 받아 일찍부터 그림에 관심을 가지기 시작했다. 어른이 되고 난 뒤에 피카소는 그림에 자신만의 개성을 살리기 시작했다.

다른 화가들과 똑같이 아름답게 그리는 것보다 여러 가지 아이디어를 실은 독특한 그림을 그리려고 노력했다. '꿈'이란 그림도 피카소가 개성을 마음껏 뽐낸 작품이라고 할 수 있다.

'처음부터 잘하는 사람은 없다. 끊임없이 노력하는 것이 중요하다.' 피카소는 그런 사람이었다.

나도 피카소를 조금이라도 본받아서 무슨 일이든 한 번에 잘하려고 하기보다는 그 일을 잘하기 위해 최선의 노력을 다하는 사람이 되겠다.

1) 피카소 그림의 특징을 바르게 말한 것에 ○표를 해 봅시다.

| 선이 단순하다. | 색을 많이 썼다. | 형태를 완전하게 그렸다. |

> 예술 책을 보면 그 화가가 그린 그림의 특징이 드러납니다. 그 특징이 무엇인지 파악하는 것에 중점을 두고 독서감상문을 쓰도록 합니다.

2) 위 독서감상문을 쓰게 된 동기로 가장 바른 것은?

① 피카소가 사람들의 얼굴을 완전하게 그리지 않은 이유를 알고 싶어서

② 피카소의 아버지가 미술 교사라는 것이 이해가 되지 않아서

③ 피카소가 그린 그림 중 '꿈'에 나타난 인물이 누군지 알아보고 싶어서

④ 피카소가 그린 그림 중에 무엇이 있는지 확인하고 싶어서

2. 수빈이가 피카소의 작품 '우는 여인'에 관련된 책을 읽고 상장 독서감상문을 썼어요. 잘 읽고 물음에 답해 봅시다.

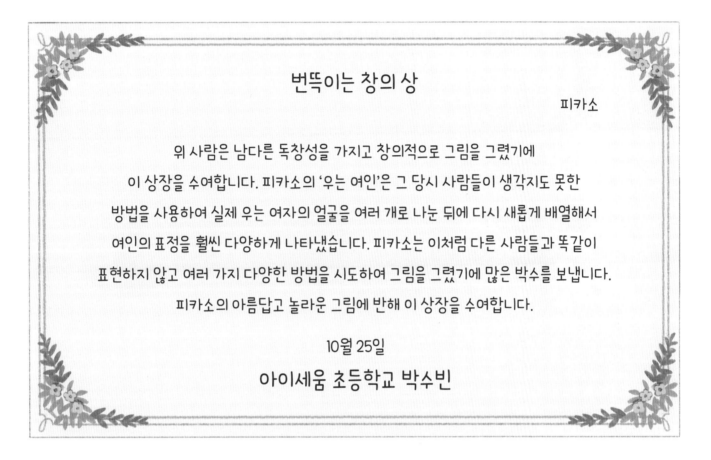

번뜩이는 창의 상

피카소

위 사람은 남다른 독창성을 가지고 창의적으로 그림을 그렸기에 이 상장을 수여합니다. 피카소의 '우는 여인'은 그 당시 사람들이 생각지도 못한 방법을 사용하여 실제 우는 여자의 얼굴을 여러 개로 나눈 뒤에 다시 새롭게 배열해서 여인의 표정을 훨씬 다양하게 나타냈습니다. 피카소는 이처럼 다른 사람들과 똑같이 표현하지 않고 여러 가지 다양한 방법을 시도하여 그림을 그렸기에 많은 박수를 보냅니다. 피카소의 아름답고 놀라운 그림에 반해 이 상장을 수여합니다.

10월 25일

아이세움 초등학교 박수빈

1) 수빈이가 책을 읽고 느낀 피카소 그림의 특징으로 적절한 것은 무엇일까요?

① 대상을 나누고 다시 조립하는 형식으로 그림을 그린다.

② 대상을 구체적이고 사실적으로 표현한다.

③ 어려운 그림을 그린다.

④ 대상을 복잡하게 그린다.

2) 피카소의 그림에 반한 수빈이가 피카소를 따라 그림을 그렸습니다. 어떤 느낌의 그림일지 알맞은 것을 찾아 ○표를 해 봅시다.

> 예술 책을 읽고 독서감상문을 쓸 때는 작품을 보고 느낀 점을 꼭 써요. 또 느낀 점을 다른 방법으로 표현할 수도 있어요.

117

1. 이런 책을 읽어요.

제목: 모네의 정원에서   **글:** 크리스티나 비외르크

그림: 레나 안데르손   **옮긴이:** 김석희   **출판사:** 미래사

2. 책의 내용을 살펴봐요.

등장인물

리네아
모네의 작품을 보기 위해
블룸 할아버지와
파리에 간 소녀

블룸 할아버지
리네아와 함께 모네를 찾아
여행을 떠난 리네아의
할아버지

모네
많은 그림을 남긴 인상파
화가로 이 예술 책에서
설명하는 인물

클로드 모네의 생애	
1840년 프랑스 파리에서 태어나 르아브르에서 지냄.	1891년 '해질녘의 건초더미'를 완성함.
1859년 그림을 공부하러 파리로 감.	1894년 '루앙 대성당, 서쪽 파사드, 햇빛'을 완성함.
1867년 '정원의 여인들'을 완성함.	1906년 '수련' 연작을 완성함.
1870년 동료이자 연인인 카미유와 결혼함.	1926년 12월 5일에 세상을 떠남.

3. 친구들의 생각을 알아봐요.

클로드 모네는
1840년 파리에서
태어났어.

모네의 그림은 순간적인
빛의 형태를 나타내는
특징이 있어.

모네의 집엔 꽃과 연못이
있어서 많은 그림이 꽃이나
연못을 소재로 그렸어.

1. 〈모네의 정원에서〉를 읽고 승연이가 독서감상문을 썼어요. 잘 읽고 물음에 답해 봅시다.

> 빛의 움직임을 잡아낸 클로드 모네
>
> TV에서 '해돋이'라는 작품을 보았다. 고요하고 아무것도 없는
> 그림을 보고 가슴이 뛰었다. 모네가 그렸다는 얘기를 듣고,
> 나는 얼마 전에 샀던 〈모네의 정원에서〉란 책을 바로 읽기 시작했다.
> 모네는 1840년 파리에서 태어나 1926년 세상을 떠난 유명한 화가이다.
> 지베르니 마을에 마음에 드는 집을 발견해서 오랫동안 그곳에서 그림을 그렸다.
> ㉠ 지베르니의 집에는 아름다운 꽃과 연못이 있었는데, 모네는 특히 수련을 좋아했다.
> ㉡ 나도 모네의 작품 중 '수련' 그림이 마음에 든다. ㉢ 가까이에서 보면 물감만 덕지덕지 묻어
> 있는 것 같지만 멀리서 보면 정말 아름다운 그림이다. ㉣ '해돋이' 그림처럼 어느 한 순간 빛의
> 움직임을 정말 잘 표현한 것 같다. 아침에 등교할 때의 교실과 집에 갈 때의 교실은 다르다.
> 시간이 흐르면 색채, 질감, 모양 등이 모두 달라진다. 모네는 바로 그런 순간의 모습을 그려 낸 것이다.
> 나는 모네가 잡아낸 한 순간에 푹 빠져 버렸다.

1) 위의 독서감상문 ㉠~㉣에서 승연이가 모네의 작품에 대한 감상을 표현한 문장끼리 올바르게 묶은 것을 골라 봅시다.

① ㉠,㉡　　　　　② ㉢,㉣
③ ㉡,㉢,㉣　　　④ ㉠,㉡,㉢

> 예술 책을 읽고 독서감상문을 쓸 때는 작품에 대한 자신의 생각이나 느낌을 쓰는 것이 중요해요.

2) 승연이가 모네의 그림에서 중요하게 생각한 것은 무엇인지 골라 봅시다.

① 모양　　　② 질감　　　③ 색채　　　④ 빛

> 예술 책을 읽고 독서감상문을 쓸 때 화가의 특징을 제대로 파악할 수 있어야 올바른 독서감상문을 쓸 수 있어요. 모네는 그림을 그릴 때 무엇에 가장 신경을 썼는지 생각해 보세요.

1. 어떤 예술 책을 읽었나요?

_____

2. 여러분이 선택한 예술 책에서 기억에 남는 작품을 찾아 보기 처럼 간단하게 정리하여 봅시다.

보기

제목: 해돋이
(제목이 없으면 직접 지어 주세요.)
소재: 해가 뜨는 바다를 그림.
색채: 주황색과 하얀색,
　　　그림자는 검은색으로 표현함.
질감: 부드러움, 따뜻함.

3. 여러분이 선택한 위의 작품에 대한 자신의 생각을 정리하여 봅시다.

○ **작품의 주제**	
○ **작품을 보고 떠오르는 것**	
○ **전체적인 작품에 대한 느낌**	
○ **좋은 점**	
○ **아쉬운 점**	
○ **그 외 생각나는 것**	

1. 계획한 내용으로 독서감상문을 써 봅시다.

1) 예술가의 특징이 잘 드러나 있는지 살펴봅시다.

2) 작품에 대한 자신의 생각이나 느낌이 잘 표현되었는지 살펴봅시다.

미리 보고 개념 잡는 초등 독서감상문 쓰기

예시 답안

- 정답을 포함한 예시 답안이 실려 있습니다.
- 독서감상문 쓰기는 정답이 없으므로, 반드시 갖추어야 할 요소를 중심으로 예시 답안을 작성했습니다.
- 스스로 독서감상문 쓰기에 자신이 없다면, 처음에는 예시 답안을 보고 쓰면 도움이 되지만, 반드시 스스로 써 보는 노력을 하는 것이 좋습니다.

10~11쪽
1. 1) ②   2) ○표시- 여자아이

2. 1) 지우

2)

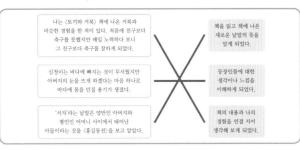

12~13쪽
3. 1) 책 제목- 어린 왕자 지은이- 생텍쥐페리

독서감상문 제목- 어린 왕자의 마음

2) ○표시 내용- 책을 읽은 동기, 줄거리,

자신의 생각과 느낌,

독서감상문 제목

4. (차례대로) ③ 책 제목 ⑤ 지은이

① 독서감상문 제목 ⑥ 책을 읽은 동기

② 책의 내용 ⑦ 자신의 경험과 관련된

생각과 느낌 ④ 책에서 얻은 교훈

14~15쪽
1. 1)

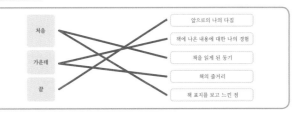

2. 1) 밑줄- 신데렐라와 콩쥐팥쥐 이야기에서

또 다른 비슷한 점은 없는지

찾아보려고 나는 집에 있는 신데렐라

책을 집어 들었다.

2) ①

16~17쪽
3. 1) 밑줄- 나는 책을 읽으면서 기쁠 때

일어나는 몸의 변화가 참 신기했다.

2) ①

4. 1) 밑줄- 누군가 어려운 일이 생겼을 때

서로 조금씩 배려한다면 모두가 함께

행복해진다는 것을 알게 되었다.

18~19쪽
1. 1) ○표시- 기찬, 이호, 사랑, 선생님

2) ( )표시- 기찬이는 학교에 자주 지각을

합니다. 기찬이는 이호와 사랑이에게

자명종을 맞춰 놓고 자라는 이야기를

듣고 자명종을 사러 갑니다.

3) □표시- 아침이면 수탉이 울고

암탉은 알을 낳는 '꼬꼬 자명종', 아침이면

이슬이 맺혀 얼굴 위로 떨어지는 '나뭇잎

자명종', 아침이 되면 하늘 높이 떠오르는

'해님 자명종'

4) 밑줄- 늦잠을 자지 않겠다고

마음속에 있는 자명종으로 굳게 마음먹은

2.

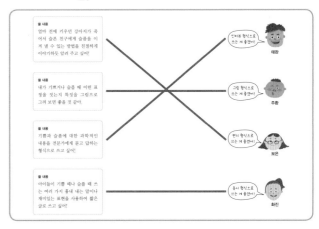

20~21쪽
3. 1) 지우는 내용- 지훈이는 손이 예쁘다.

2) ④

4. 학생 스스로 평가하게 해 주세요.

평가 후에 왜 그렇게 평가했는지 이유를

말하도록 해 주세요.

24쪽
1. 1) ○표시 내용- 희철이가 잘 지내고 있는지

안부를 묻기 위해서

2) ○표시 내용- 내가 좋아하는 친구 이름

25쪽
1. 1) 꿀민   2) ③   3) ③

27쪽
1. 1) 헤라클레스에게 이사를 도와 달라는

부탁을 하기 위해서 편지를 썼다.

2)

29쪽 ▶ **1.** 예)

> 피그말리온에게
> 안녕? 피그말리온. 얼마 전에 책을 읽으면서 네 소식을 들었어. 너에게 기분 좋은 일이 있다길래 편지를 보내게 되었어. 지난번에 보여 준 그 조각상이 실제 사람이 되었다며? 정말 깜짝 놀랐어. 사람이 간절히 바라면 이루어진다고 하더니 돌이었던 조각상이 사람이 되었다니 믿을 수가 없다. 그리고 그 조각상과 결혼까지 한다니! 정말 행복하게 살았으면 좋겠어. 네가 조각상을 더 아끼고 잘해 준다면 행복한 결혼 생활을 할 수 있을 거야. 힘내!
>
> 9월 9일
> 너의 친구 세움이가

30쪽 ▶ **1.** 1)

2) 2연 8행   3) ②

31쪽 ▶ **1.** 1)

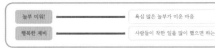

2) 밑줄– 훨훨 훨훨, 파닥파닥 파닥파닥,
   훨훨

33쪽 ▶ **1.** 1) ○표시 내용– 재미있다, 문장이 짧다,
   흉내 내는 말이 많다,
   반복되는 말이 많다.
2) 예) 스르륵스르륵, 두근두근 등.
3) ①

35쪽 ▶ **1.** 예)

> 내 동생 영희
> 바퀴벌레가 바스락바스락
> 영희가 뒤집개로 팍!
> 바퀴벌레 살려!
>
> 화장품이 달그락달그락
> 영희가 립스틱을 싹싹!
> 영희 입술에 핏자국이!
>
> 빗방울이 후드득후드득
> 그 소리가 좋아서 이리저리 출싹!
> 엄마 보러 빨리 뛰자.
>
> 방문이 삐거덕삐거덕
> 아픈 오빠를 위해 사탕 약 여기!
> 영희야 사랑해!

36쪽 ▶ **1.** 1) ④
   2) 누가: 지훈이와 동생이, 어디서: 집에서,
      왜: 선생님께서 예전에 외출하고
      돌아왔을 때 깨끗해진 집을 보고 기분이
      좋았다는 말씀이 떠올라서

37쪽 ▶ **1.** 1) 요정의 도움을 받아 파티에 가서
      왕자를 만남.
   2) 밑줄- 나도 신데렐라처럼 언제나
      따뜻한 마음을 가져야겠다.

39쪽 ▶ **1.** 1) (차례대로) 겉모습, 마음
   2) ③

41쪽 ▶ **1.** 예)

> 8월 12일 토요일 날씨: 폭풍우가 침
> 제목: 폭풍우가 무서워!
> 아침부터 날씨가 우중충하더니 오후가 되자 비가 많이 내렸다. 학교에서 돌아오니 집에는 동생밖에 없었다. 하늘이 더 어두워지더니 천둥, 번개까지 치기 시작했다. 동생과 나는 이불을 함께 덮어쓰고 벌벌 떨었다. 한참을 떨다 동생과 나는 〈폭풍우 치는 밤에〉를 읽었다. 전에 한 번 읽었는데 번개 치는 날 읽으니 새로웠다. 폭풍우 치는 밤에 염소와 늑대는 오두막에서 우연히 만난다. 불빛 하나 없이 깜깜해서 둘은 누구인지 모르고 이야기를 나누다 친구가 된다. 둘은 헤어지면서 기쁜 마음으로 다시 만날 것을 약속한다. 늑대와 염소는 천둥과 번개가 얼마나 무서웠을까? 눈에 보이지 않지만 옆에 누군가 있다는 사실이 얼마나 큰 도움이 되었을지 상상이 간다. 나도 오늘 내 옆에 있는 동생 때문에 조금은 안심이 되었다. 동생이 없었다면 무서워서 울었을지도 모른다. 염소와 늑대도 무서웠던 순간을 함께하면서 서로에게 따뜻함을 느꼈을 거라고 생각한다. 내일은 〈폭풍우 치는 밤에〉의 다음 책을 읽어 봐야겠다.

42쪽 > **1.** 1) ②

2) 〈아기 돼지 삼 형제〉를 읽고 인상 깊은
장면을 생각해 그려 보게 하세요.

43쪽 > **1.** 1) ①

2) 웃고 있는 토끼와 자라의 얼굴 표정을
그려 보게 하세요.

45쪽 > **1.** 1)

2) 예) 스케이트 타기, 일기 쓰기,
심부름하기 등.

47쪽 > **1.** 예)

뽀동이가 1등을 못해서 우울한 마음이 들었나 보다. 한
없이 먹는 뽀동이의 모습을 보니 잘해 주고 싶은 생각이
들었다. 나도 먹는 것을 좋아해서 우울할 때도 기쁠 때
도 잘 먹는다. 엄마께서는 잘 먹으면 나중에 키가 많이
클 거라고 말해 주셨다. 뽀동이도 잘 먹으니 키가 많이
클 것이다. 뽀동아, 힘내!

48쪽 > **1.** 1) ③   2) ④

49쪽 > **1.** 1) ②

51쪽 > **1.** 1) ④   2) ②

53쪽 > **1.** 예)

이호는 자신감이 넘치는 학생이다. 물론 자신감이 넘치
는 것이 문제라고 할 수 없지만 가끔은 잘난 체하는 듯
이 보인다. 잘하는 것이 있어도 겸손하고 언제나 다른
사람을 생각하는 마음을 가지고 생활해야 한다.

54쪽 > **1.** 1)

2) 첫 번째 문장- 아니오 두 번째 문장- 예
세 번째 문장- 예

55쪽 > **1.** 1) ④   2) 고구려

57쪽 > **1.** 1)

2) ②

59쪽 > **1.** 예)

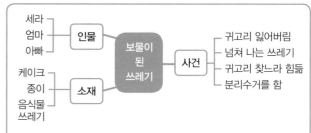

세라와 엄마는 쓰레기 분리수거의 중요성을 몰랐다. 하
지만 귀고리를 잃어버리고 자신들이 버린 쓰레기를 다
시 살피고 나서야 쓰레기 분리수거의 중요성을 깨닫는
다. 나도 생활 속에서 쓰레기 분리수거의 중요성을 알고
지킬 수 있도록 노력해야겠다.

60쪽 ▷ **1.** 1) ① 2) ②

61쪽 ▷ **1.** 1)

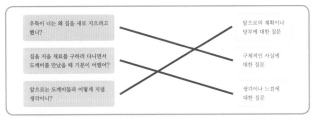

63쪽 ▷ **1.** 1) ①

2) 예) 똥 색깔로 몸이 건강한지 알 수
있었을 때 보람을 느껴요 등.

65쪽 ▷ **1.** 예)

> 나: 의사 선생님, 안녕하세요? 사람의 이는 모두 몇 개
> 인가요?
>
> 의사: 이는 보통 28개로 이루어져 있답니다.
>
> 나: 네. 그러면 이는 각각 어떤 역할을 하나요?
>
> 의사: 앞니는 음식물을 물어 끊거나 갉을 때 써요. 그리
> 고 송곳니는 음식물을 뜯고 찢을 때 쓰고, 어금
> 니는 음식물을 잘게 씹어 으깰 때 써요.
>
> 나: 그렇군요. 이를 매일 닦지 않는 어린이를 보면 어떤
> 생각이 드시나요?
>
> 의사: 치과에 꼭 한번 들르겠구나 생각합니다. 치과에
> 오면 무서워하는 아이들이 많으니까 치과에 자주
> 들르지 않도록 이 관리를 잘해야 해요.
>
> 나: 마지막으로 어린이들에게 부탁하고 싶은 일이 있다
> 면 무엇이 있을까요?
>
> 의사: 네. 어린이 여러분. 이제는 이가 많이 빠지고 새로
> 운 이가 나기 시작할 거예요. 항상 소중히 여기
> 고, 3분 이상 꼭 이를 닦아 주세요.

66쪽 ▷ **1.** 1)

2) 예) 예절 상, 바른 인사 상 등.

67쪽 ▷ **1.** 1) 남을 도와주는 친절한 마음을
지니고 사는 성품을 칭찬하고 싶었다.

2) ○ 표시 내용– 미래 초등학교장

69쪽 ▷ **1.** 1)

2) 예) 방귀 지식 상, 자상한 선생님 상 등.

71쪽 ▷ **1.** 예)

> 재미있는 어린이 상
>
> 테츠오
>
> 위 어린이는 언제나 요코를 생각합니다. 요코를 놀리기
> 도 하지만 요코가 마음 아플 때는 온종일 요코에게 신경
> 을 씁니다. 그리고 테츠오는 언제나 다른 사람을 웃게
> 하는 재미있는 아이입니다. 마지막으로 테츠오는 상상
> 력이 뛰어난 아이입니다. 나비도 방귀를 뀐다고 해서 선
> 생님을 깜짝 놀라게 했습니다.
> 이러한 테츠오가 여러 사람의 모범이 되므로 이 상장을
> 수여합니다.
>
> 3월 2일
> 테츠오와 같은 학년인 세민이가

74~75쪽 ▷ **1.** 1)

2) ④

2. 1)

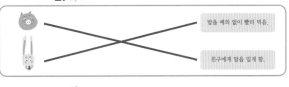

2)

76~77쪽 **1.** 1) ②

2)

2. 1) ②   2) ③

79쪽 **1.** 1) 밑줄 – 앞으로는 절대 거짓말을 하지
않고, 정직하게 지내야겠다.

2) 예)

내가 했던 거짓말 – 문방구에서 불량 식품을
사 먹고 안 사 먹었다고 엄마께 거짓말을
했다.

거짓말했을 때 나의 마음 – 엄마가 사실을
아실까 봐 마음이 조마조마했다.

앞으로의 나의 다짐 – 솔직히 이야기해야겠다.

81쪽 **1.** 예)

제목: 나의 친구 미선이

나와 친한 친구인 미선이가 〈거짓말은 무거워!〉 책을
재미있게 읽었다며 나에게 추천을 해 주었다. 이 책에
나오는 세라와 민지는 나와 미선이 같다. 나도 처음 학
교에 갔을 때 친구 사귀는 것이 쑥스러워서 아이들에게
말도 잘 못했다. 미선이는 그런 나를 보고 말도 걸어 주
고 친하게 대해 주었다. 나는 세라처럼 거짓말을 하지는
않았지만 세라가 친구를 사귀고 싶은 마음이 충분히 이
해가 간다. 세라는 민지에게 정말 고마울 것이고, 평생
잊지 못할 것이다. 이 책을 읽고 많은 친구들을 사귀는
것보다 진정한 친구를 사귀는 것이 중요하다는 것을 깨
달았다. 앞으로 내 친구 미선이를 더욱 소중히 대할 것
이다.

82~83쪽 **1.** 1)

2) ②

2. 1) ④

2)

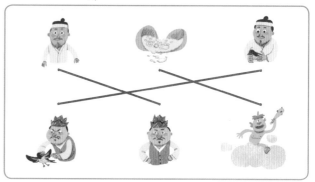

84~85쪽 **1.** 1) 예) 펑펑, 풍풍, 뿌웅, 삐이익 등.

2) ②

2. 1)

부자 영감		재주가 많고 지혜롭다.
신랑		아내를 사랑한다.
우렁각시		욕심이 많다.

2) ③

87쪽 **1.** 1) ①

2) 머슴아이는 여러 번의 위기에서 지혜를
발휘해 도령을 구함.

89쪽 **1.** 예)

제목: 천천히 지혜롭게!

이야기를 주머니에 넣을 수 있을까? 〈이야기 주머니〉라
는 책의 제목을 보고 말로 하는 이야기가 어떻게 주머니
에 담길 수 있는지 궁금해 읽게 되었다.
이야기를 좋아하는 도령이 이야기를 모두 주머니에 담
아 놓자, 화가 난 이야기 귀신들이 도령을 죽이려는 계
획을 세운다. 하지만 도령은 지혜로운 머슴아이를 곁에
두어서 머슴아이 덕분에 위험한 상황을 벗어나게 된다.
머슴아이는 참 대단한 것 같다. 귀신들이 도령을 죽이
려는 엄청나고 무서운 일 앞에서 당황하거나 겁내지 않
고 천천히 그리고 지혜롭게 문제를 해결한 것을 보면 말
이다. 얼마 전 수영이랑 호성이랑 동시에 놀기로 약속
을 하는 바람에 곤란한 적이 있었다. 둘은 서로 잘 몰랐
지만 다 함께 만나기로 해서 셋이 더 신나게 놀 수 있었
다. 정말 다행이었다. 만약 한 명과의 약속을 취소했다
면 그 친구가 서운했을 텐데, 문득 다 함께 놀면 어떨까
하는 생각에 셋이 만나서 서로 새로운 친구가 될 수 있
었다. 나도 머슴아이처럼 재치를 발휘해 곤란한 상황을
해결한 것이다. 앞으로도 지혜로운 태도로 문제를 해결
하려 노력해야겠다.

90~91쪽 **1.** 1)

2) 밑줄– 1443년

3) 예) 백성을 사랑하고, 우리가 본받고
배워야 할 점이 많은 등.

2. 1) ①

2) 1598년 11월 19일, 노량 앞바다

3) 밑줄– 이순신 장군의 뛰어난 리더십과
끝까지 포기하지 않는 마음가짐은
오래도록 사람들의 마음에 남아 있다.

92~93쪽 **1.** 1) ③

2) 용기, 믿음

2. 1) 일찍 일어나라고 깨우는 엄마에게
신경질을 부림.

2) ③

95쪽 **1.** 1) ②

2) 사랑

97쪽 **1.** 예)

마틴 루터 킹에게

안녕하세요? 저는 얼마 전에 당신의 책을 읽은 미래엔
초등학교 3학년 7반 김호중이라고 해요. 제가 이 책에
서 가장 감동을 받은 부분은 바로 당신이 여러 사람에게
해 준 연설이었어요.

"나에게는 꿈이 있습니다. 앨라배마의 흑인 소년 소녀들
이 백인 소년 소녀들과 형제자매처럼 손을 맞잡을 날이
끝내 오리라는 꿈이 있습니다."

저는 이 연설을 읽고 평등에 대한 당신의 신념이 느껴
졌어요. 저도 꼭 신념을 가지고 살 수 있는 사람이 되고
싶어요. 그런 마음을 갖게 해 주셔서 정말 감사합니다.
안녕히 계세요.

12월 7일
당신을 존경하는 김호중 드림

98~99쪽 **1.** 1)

2) ②

2. 1) ②

2)

100~101쪽 **1.** 1)

2) 중심 내용– 소방관은 화재를
예방하거나 진압한다.
세부 내용– 화재가 났을 때 소방관은
가장 먼저 출동하여 불을 끄기 위해
노력한다. 또 학교에 와서
어린이들에게 화재를 예방하는
여러 가지 안전 수칙을 알려 주기도
한다.

2.

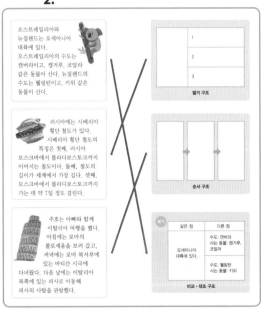

열거 구조

러시아에는 시베리아 횡단 철도가 있다.	1	러시아 모스크바에서 블라디보스토크까지 이어지는 철도이다.
	2	철도의 길이가 세계에서 가장 길다.
	3	모스크바에서 블라디보스토크까지 가는 데 약 7일 정도 걸린다.

순서 구조

로마의 콜로세움 ➡ 로마 북서부에 있는 바티칸 시국 ➡ 이탈리아 북쪽 피사, 피사의 사탑

103쪽 **1.** 1) 밑줄 – 두 나라의 수도에는 많은 유적이 있다.

2)

	영국	프랑스
(여러 도시)	(런던)	(마르세유, 칸)
수도의 유적	(그리니치 천문대)	(루브르 박물관)

105쪽 **1.** 예)

제목: 아빠와 함께한 세계 여행

나는 언젠가 세계 여행을 떠나고 싶다는 생각으로 〈어린이를 위한 세계 지도책〉을 펼쳐 보았다. 그리고 나는 이 책에서 소개하는 여러 대륙 중 아메리카, 유럽, 아시아의 특징을 설명하려고 한다.

우선, 이 책의 주인공이 아빠와 함께 처음으로 간 곳은 아메리카 대륙이다. 아메리카 대륙에는 인구와 면적이 세계 3위인 미국이 있고, 미국의 서쪽에는 시애틀, 샌프란시스코, 로스앤젤레스 같은 도시가 있다.

다음으로 여행한 곳은 유럽이다. 유럽에는 영국과 프랑스 같은 역사 깊은 도시가 있다. 또한 문화재가 잘 보존되어 있어 볼 것이 많다.

마지막으로 설명할 곳은 아시아다. 아시아는 우리 대한민국이 있는 대륙이다. 중국, 일본도 같은 아시아에 있다.

나도 나중에 커서 수호처럼 세계 여행을 하고 싶다. 꼭 아빠와 함께 가서 좋은 추억을 만들 거다. 여행을 하며 많이 보고 배우고, 좋은 경험을 쌓고 싶다.

106~107쪽 **1.** 1) ②

2)

육식 공룡 — 공룡 — 초식 공룡

2. 1)

쌍떡잎식물	잎맥이 그물맥으로 되어 있음.
	해바라기, 무궁화, 고추, 벚나무
외떡잎식물	잎맥이 나란히맥으로 되어 있음.
	벼, 옥수수, 백합

2) ①

108~109쪽 **1.** 1)

	완전 변태	(불완전 변태)
과정	알 → 애벌레 → (번데기) → 어른벌레	알 → 애벌레 → 어른벌레
종류	나비	(메뚜기), 잠자리

2)

2. 1) ◯표시 – 금성
2) 샛별, 개밥바라기

111쪽 **1.** 1)
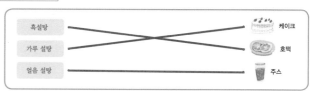
흑설탕 — 케이크
가루 설탕 — 호떡
얼음 설탕 — 주스

2)

1. 예)

제목: 하루에 설탕을 얼마나 먹는 게 좋을까?

내가 정말 좋아하는 설탕이 '무시무시하다'는 제목을 보고 〈달콤달콤 무시무시 설탕을 조심해〉라는 책을 읽게 되었다. 이 책을 읽고 사람은 하루 어느 정도의 설탕을 먹는 것이 몸에 좋은지 궁금해졌다.

사람이 하루에 먹어야 하는 설탕은 각설탕 12개 정도의 양이라고 한다. 많은 양이라고 생각할 수 있다. 하지만 오렌지 하나에 든 설탕이 각설탕 6개, 아이스크림 하나에 든 설탕이 각설탕 10개, 바나나 한 개에 든 설탕이 각설탕 5개인 걸 보면 실제로 사람이 하루에 먹어야 하는 설탕의 양은 굉장히 적다.

그러므로 건강하게 살기 위해서 설탕을 아예 안 먹는 것이 아니라 적당히 먹어야 한다. 설탕을 적당히 먹고 모두 오래오래 살 수 있으면 좋겠다.

114~115쪽 **1.** 1) ②

2) 글을 읽고 느껴지는 운명 교향곡의 도입부 느낌을 마음껏 그려 보게 하세요.

2. 1)

2) ④

116~117쪽 **1.** 1) ○ 표시 – 선이 단순하다.

2) ①

2. 1) ①

2)

119쪽 **1.** 1) ③   2) ④

1. 예)

제목: 조용한 아침

조용한 아침, 눈을 뜨고 집 앞에 앉아 해가 떠오르는 장면을 본다. 배 하나가 강물 위에 떠 있다. 빨간 햇빛을 받으며 아름다운 장면이 펼쳐진다. 모네가 그린 '해돋이'를 보고 든 나의 생각이다. 누나가 읽어 보라고 해서 어쩔 수 없이 〈모네의 정원에서〉를 읽었는데, 읽기를 잘한 것 같다.

주황색과 하얀색, 검은색이 모네가 표현하고 싶었던 조용한 아침의 부드러움과 따뜻함을 잘 나타냈다. 작품을 보고 안락한 마음이 든 것은 그래서일 것이다. 모네는 지베르니에 있는 집에서 조용하고 차분하게 살았다. 그림을 그리며 여러 가지 빛의 성질을 깨닫고 이러한 그림까지 완성했다.

이 그림은 나의 마음을 따뜻하게 안아 주었다. 그림에 나타난 느낌을 가슴에 품고 남을 사랑하고 아끼며 살고 싶다.

저자 이재승

한국교원대학교와 동대학원 국어교육학과를 졸업(교육학 박사)하고 한국교육과정평가원 연구원 및
대구교육대학교 국어교육과 교수, 대학수학능력시험·외무 고시·교원임용고사 등의 출제 위원을 역임했습니다.
현재 서울교육대학교 국어교육학과 교수로 재직 중이며, 초등학교 국어 교과서 기획 및 집필을 책임지고 있습니다.
지은 책으로 『좋은 국어 수업 어떻게 할 것인가』, 『글쓰기 교육의 원리와 방법』,
『아이들과 함께하는 독서와 글쓰기 교육』 등이 있습니다.

저자 최승한

경인교육대학교 국어교육과를 졸업하고 서울교육대학교 교육대학원에서 국어교육을 전공하였습니다.
서울 창림초등학교, 운현초등학교에서 근무하였으며 현재 서울교육대학교 초등국어교육연구소에
연구원으로 근무하고 있습니다. 2009 개정 교육과정 국어과 5학년 교과서를 집필하였으며,
교육부에서 주관하는 핵심 역량 중심의 교과서 모형 개발에 따른 시범 단원 개발 교과서(2014)를 개발하였습니다.

미리 보고 개념 잡는 독서감상문 쓰기

펴낸날 2015년 9월 30일 초판 1쇄, 2022년 9월 1일 초판 13쇄
저자 이재승, 최승한 | **그린이** 이동희
펴낸이 신광수 | **CS본부장** 강윤구 | **출판개발실장** 위귀영 | **출판영업실장** 백주현 | **디자인실장** 손현지
아동콘텐츠개발팀 박재영, 류효정 | **출판디자인팀** 최진아 | **표지디자인** 솔트앤페퍼 커뮤니케이션 | **저작권 업무** 김마이, 이아람
채널영업팀 이용복, 우광일, 김선영, 이채빈, 이강원, 강신구, 박세화, 김종민, 정재욱, 이태영, 전지현
출판영업팀 민현기, 최재용, 신지애, 정슬기, 허성배, 설유상, 정유
CS지원팀 강승훈, 봉대중, 이주연, 이형배, 이우성, 전효정, 이은비, 장현우
펴낸곳 (주)미래엔 | **등록** 1950년 11월 1일 제 16-67호 | **주소** 서울특별시 서초구 신반포로 321
전화 미래엔 고객센터 1800-8890 | **팩스** 541-8249 | **홈페이지** www.mirae-n.com

ISBN 978-89-378-1188-3 64710
ISBN 979 11 6841 076 3 (세트)